Delphin Reiseführer

Robert Treichler
München

REISEN ZU KLEINEN PREISEN

DELPHIN VERLAG

Inhalt

- **3** Vor der Reise
- **5** Kurz gesagt ...
- **8** Ankunft in München
- **11** Unterkunft
- **17** Essen und Trinken
- **28** Verkehrsmittel
- **30** Stadtbesichtigung
- **42** Einkaufen
- **46** Unterhaltung
- **51** Münchens Umgebung
- **55** München von A–Z
- **62** Bayerischer Sprachführer
- **63** Bücher über München
- **63** Was tun, wenn ...
- **64** Die wichtigsten Telefonnummern

Seite 54: Redaktioneller Hinweis

Herausgegeben und bearbeitet von Wolfhart Draeger
nach einem Konzept von Robert Treichler.
Umschlaggestaltung R.O.S., Stuttgart.
Titelfoto Schmied / Bavaria.
Planzeichnungen Peter Schaufelberger, Grafiker ASG,
Uster-Zürich.

© 1978, Delphin Verlag GmbH,
München und Zürich.
Alle Rechte vorbehalten.
ISBN 3.7735.2601.6
Printed in Italy by
Nuova Grafica Moderna S.p.A., Verona.

Ein großes Dankeschön
fürs Mithelfen an Erich Bauer,
Klaus und Erika Därr, Emmi Hachenberg,
Roland Hecht, Moy King,
Ursula Kober, Rainer Michels,
MVV, Peter Neissendorfer,
Eva-Maria Topel, Gisela T.,
Andrée Valentin, Gabriele Wiesinger

Vor der Reise

Reisezeit

Wie in allen großen Städten der Welt, so ist auch in München das ganze Jahr über Saison. Trotzdem sind die Monate Juli und August für alle, die nur zum Vergnügen nach München fahren, sicher die beste Reisezeit. Aber auch Juni und September sind angenehme Monate, der Juni üblicherweise mit viel Sonne und warmen Temperaturen, der September mit weniger Niederschlägen – und dem Beginn des Oktoberfestes. Der berüchtigte Münchner Föhn, der warme Fallwind aus den Alpen, der bei manchen Leuten Kopfschmerzen verursacht, herrscht vor allem im Frühling und Herbst.
München im Winter hat seinen besonderen Reiz, hauptsächlich zur Zeit des Christkindl-Marktes (ab Ende November).

Für Jugendliche

Sehr wichtig! Schüler-, Studenten- und Jugendherbergsausweise nicht vergessen.

Für Schweizer und Österreicher

Für die Einreise nach Deutschland genügen der Personalausweis oder die Identitätskarte. Im Notfall tut's sogar ein (nicht länger als 5 Jahre) abgelaufener Reisepaß. Autoreisende brauchen die nationalen Wagenpapiere. Die grüne Versicherungskarte ist nicht nötig. Wer seinen Hund oder seine Katze mitnehmen will, benötigt ein Tollwutimpfzeugnis, das vom Amtstierarzt des Wohnortes ausgestellt sein muß. Weitere Auskünfte – auch über Zollformalitäten – erteilen die Konsulate der Bundesrepublik Deutschland in Österreich und der Schweiz.

Was kostet wieviel in München?

München ist eine teure Stadt. Trotzdem gibt's und geht vieles billiger, als man gemeinhin annimmt. Ziel dieses Reiseführers ist es, Ihnen zu zeigen, wie Sie auch mit wenig Geld München genießen können. Hier ein paar Preise als Richtschnur:

1 Übernachtung	20,-- DM
1 Frühstück (meist im Hotelpreis inbegriffen)	3,50 DM
1 Museumseintritt	1,50 DM
1 Paar Weißwürste	2,80 DM
1 Halbe Maß Bier	1,80 DM
1 Tageszeitung	-,40 DM
1 Fahrt auf den Olympiaturm	3,-- DM
1 Ansichtskarte und Briefmarke	-,80 DM
1 Bierkrug als Andenken	9,-- DM
1 warme Mahlzeit	6,-- DM
1 Karte für die Münchner Lach- und Schießgesellschaft	15,-- DM
1 Telefonanruf	-,20 DM
1 Taxifahrt	7,-- DM

VOR DER REISE

Besonders teuer sind Zigaretten, nämlich 2,60 bis 3,- DM die Zwanzigerpackung. Österreicher und Schweizer decken sich also am besten zu Hause ein. Sie dürfen 200 Zigaretten oder 100 Zigarillos oder 50 Zigarren zollfrei nach Deutschland einführen. Auch Filme sind nicht billig.

Zimmerreservation

Schriftliche Zimmerbestellung ist möglich durch das Fremdenverkehrsamt München, Postfach, 8000 München 1. Ein Garantiebetrag (mindestens 30,- DM) muß gleichzeitig überwiesen werden. Die Vermittlergebühr beträgt 2,- DM. Es ist also billiger, die in diesem Führer genannten Hotels und Pensionen selber anzurufen.

München im Pauschal-Paket

Ein kurzes oder verlängertes Wochenende in München kann man im Pauschal-Paket kaufen, dem sog. *Münchner Schlüssel,* der inzwischen zu einem ganzen Schlüsselbund geworden ist.
Die Preise verstehen sich für Übernachtung (½ Doppelzimmer) und Frühstück pro Person; inbegriffen sind eine Stadtrundfahrt, ein 24-Stunden-Ticket für die öffentlichen Verkehrsmittel, Eintritt zu fast allen Sehenswürdigkeiten und ein Gutscheinheft. Anfahrt nach München auf eigene Faust.

- **Münchner Wochenend-Schlüssel:**
34,- DM (1 Übernachtung im Standardhotel) bis 206,- DM (3 Nächte im Luxushotel).

- **Münchner Sommerstop:**
(nur in der Hochsaison) 46,- DM (1 Übernachtung in der billigsten Hotelkategorie) bis 126,- DM (2 Nächte im Luxushotel).

- **Münchner Christkindl-Schlüssel:**
(Ende November bis Weihnachten) 2 Übernachtungen 67,- DM bis 141,- DM, je nach Hotelkategorie; Verlängerungstag 29,- bis 65,- DM.

- **Münchner Silvester-Schlüssel**
und
- **Münchner Faschings-Schlüssel:**
mit gleichen Preisen wie Christkindl-Schlüssel.

- **Münchner 7-Tage-Schlüssel:**
(6 Nächte inklusive Anfahrt mit der Bundesbahn) z. B. ab Frankfurt 297,- DM (Standard-Hotel) bis 528,- DM (Luxus-Hotel).

- **Wochenend-Städtetouren** per Bahn aus dem Ausland kosten z. B. ab Schweizer Grenze 95,- Fr. (1 Übernachtung Standard) bis 263,- Fr. (3 Nächte Luxus).

Buchungen (außer für den 7-Tage-Schlüssel, der bei der Bundesbahn gebucht wird) bei allen Reisebüros oder direkt beim Fremdenverkehrsamt München, Rindermarkt 5, 8000 München 2, Tel. (089) 2 39 12 28.

Kurz gesagt...

- liegt München, die Hauptstadt des Freistaates Bayern, 530 m ü. M. am Nordrand der Alpen und mit 48° 10′ nördlicher Breite nur wenige Grade südlich des »Weißwurst-Äquators«. Auf den 310 qkm des Stadtgebietes (größte Ausdehnung 26,5 km) leben 1,3 Millionen Einwohner. Die Statistik sagt über sie, daß sie zu 30 % Urmünchner, zu 70 % Zugereiste und zu 75 % katholisch sind.
- Unabhängig von der Religion sollen sie pro Kopf und Jahr 230 l Bier konsumieren und auf dem letzten Oktoberfest 505 376 Brathendl verzehrt haben – wobei ihnen die Touristen halfen.
- München ist die drittgrößte Stadt Deutschlands und zugleich Wirtschaftsmetropole (Maschinen- und Fahrzeugbau, Elektrotechnik, Brauereien, Textil- und Modeindustrie, internationale Messen), Verkehrsknotenpunkt und Kulturzentrum (Universität, Hochschulen, Akademien, TV- und Filmstudios, Theater, Bibliotheken, berühmte Museen und Kunstsammlungen, Verlage).
- Die Stadt wurde 1158 von Heinrich dem Löwen an den Ufern der Isar gegründet. Er ließ die Brücke des Bischofs von Freising niederbrennen, um den Salzhandel aus Österreich über seine eigene Brücke leiten zu können. Dafür kassierte er fortan den Zoll. Heinrichs Brücke stand »bei den Munichen«, den Mönchen des Klosters Tegernsee, die um 1050 dort ein Holzkirchlein errichtet hatten, wo heute der Alte Peter steht. Darum zeigt das Stadtwappen auch einen Mönch – nämlich das berühmte »Münchner Kindl«.

Wie allen großen und traditionsreichen Städten, so sind auch München im Laufe seiner Geschichte viele mehr oder weniger treffende Beinamen gegeben worden: »nördlichste Stadt Italiens«, »Weltstadt mit Herz«, »Isar-Athen«, »Hauptstadt der Bewegung«, »Millionendorf«, »heimliche Hauptstadt Deutschlands«. Was immer man an München schätzen oder weniger schätzen mag – zweifellos ist es von seiner Lage, Architektur und Atmosphäre her eine der schönsten und sehenswertesten Städte Europas. Für den Slogan-Wettbewerb des Münchner Fremdenverkehrsamtes reimte 1962 ein Sonntagsdichter: »Man sollte jeden lynchen, der nicht fährt nach München!« Diesen Radikalismus wird wohl kaum ein Münchner unterschreiben wollen, denn in dieser Stadt lebt man gerne und gut und läßt auch andere gerne und gut leben (»Es gibt nix Besseres als wie was Guats«, sagt München-Chronist Sigi Sommer), aber wahr ist wohl, daß sich derjenige ins eigene Fleisch schneidet, der München links liegen läßt.

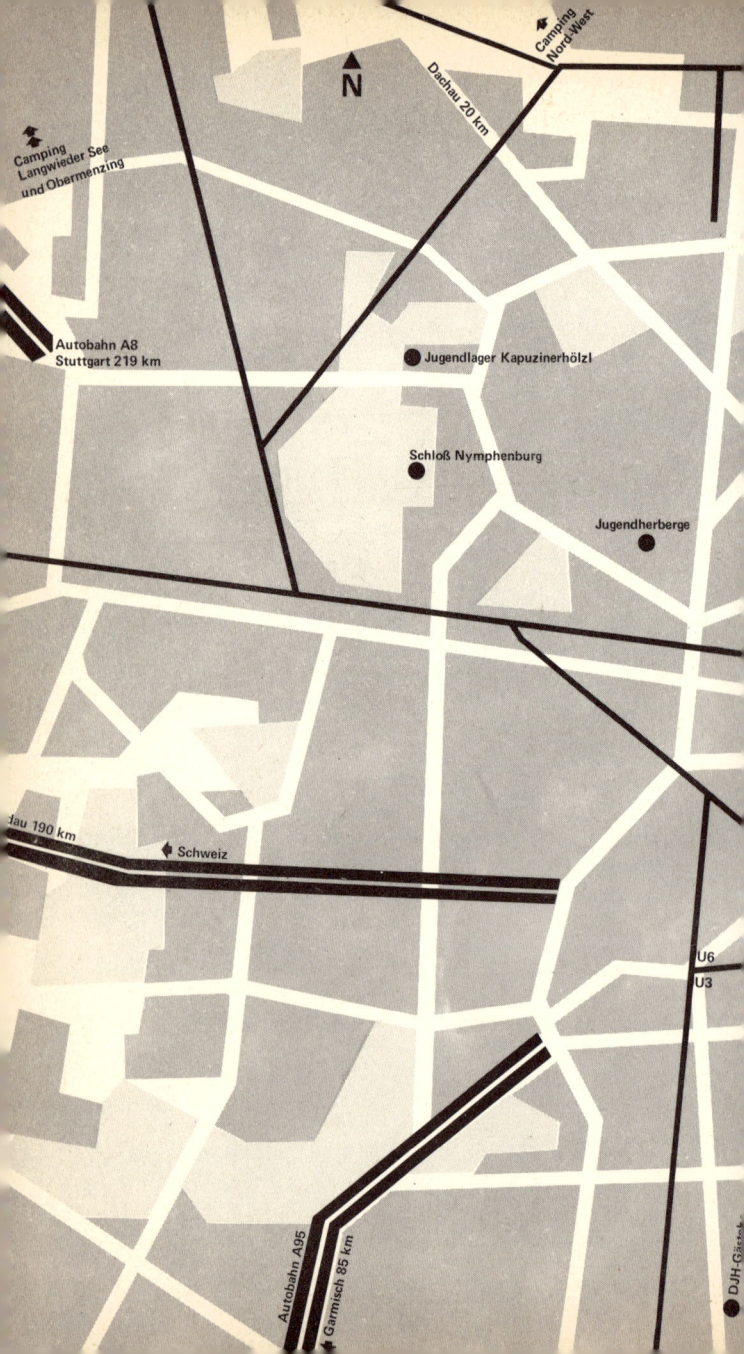

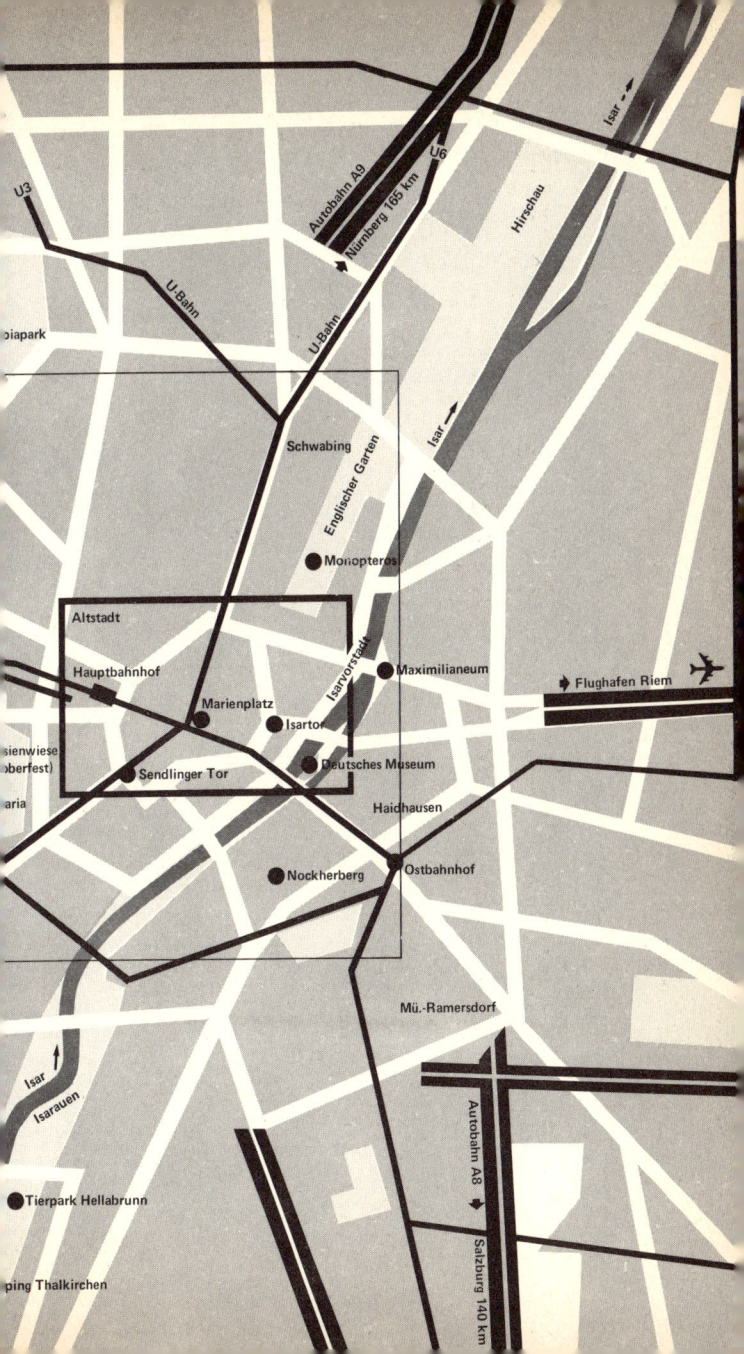

Ankunft in München

Mit der Bahn

Kostenlose Koffer-Kulis stehen bereit. Informationen, Prospekte usw. bekommt man im *Fremdenverkehrsamt,* das an der Frontseite des Bahnhofs liegt – wenn man vor dem Gebäude steht, gleich links neben dem Haupteingang. (Aber bitte nicht mit dem »amtlichen bayerischen reisebüro abr« verwechseln. Das ist ein kommerzielles Unternehmen.) Das Fremdenverkehrsamt München ist täglich von 8 h bis 23 h geöffnet.
Hotelsuche: Das Fremdenverkehrsamt vermittelt auch Hotelzimmer. Das kostet aber 2,– DM (dafür bekommt man den Stadtplan, der sonst 30 Pf kostet, umsonst). Es ist besser und billiger, die Hotels nach der Liste in diesem Reiseführer selbst anzurufen (für Lokalgespräche zwei 10-Pfennigmünzen einwerfen).
Die Anzeigetafel »Hotel-Zimmer« im Hbf. (gegenüber dem Durchgang zur Schalterhalle) ist nicht zuverlässig; insbesondere stimmen die niedrigen Bettenpreise, die dort angegeben sind, nicht mehr.
Gepäckaufbewahrung: Schließfächer kosten im Hbf. 1,– DM für 24 Stunden, Großraumfächer und Ski-Schließfächer 1,50 DM.
Falls alles belegt ist, gibt es Schließfächer auch noch im Untergeschoß und im angrenzenden Starnberger Bhf.
Billiger ist die Handgepäckaufbewahrung im Hbf.-Obergeschoß. Das Aufbewahren von zwei Gepäckstücken für die ersten beiden Tage kostet 1,80 DM. Jeder weitere Tag kostet pro Gepäckstück 90 Pf.

Mit dem Flugzeug

Landung in München-Riem, 9 km westlich der Stadt. Die Benutzung der Koffer-Kulis kostet 1,– DM, lohnt sich aber nicht für die kurze Strecke.
Im Flughafengebäude befindet sich ein Schalter des Fremdenverkehrsamtes, wo man Auskunft, Prospekte mit Stadtplänen usw. erhält. Der Schalter ist täglich von 8.30 h bis 22 h geöffnet, am So. von 11 h bis 19 h.
So kommt man in die Stadt:
• Bus 91, Haltestelle rechts, wenn man aus dem Flughafengebäude kommt. Abfahrt alle 20 Minuten. Bis S-Bahnhof Riem bzw. Graf-Lehndorf-Str. (zweite Haltestelle) fahren. Umsteigen in die S-Bahn 6 zur Innenstadt. Die S-Bahn fährt alle 40 Minuten. Gesamte Fahrzeit bis München Hbf. Nord: 23 Minuten. – Oder im Bus 91 sitzenbleiben bis Steinhausen (15 Minuten). Umsteigen in die Straßenbahn Nr. 1 Richtung Innenstadt (24 Minuten bis Hbf. Nord), Abfahrt alle 7½ bis 10 Minuten. Gesamte Fahrzeit 39 Minuten. An Wochenenden ist die Gesamtfahrzeit etwas länger, weil die öffentlichen Verkehrsmittel nicht so häufig fahren.

ANKUNFT IN MÜNCHEN

Fahrpreis bei beiden Varianten 1,50 DM oder 2 Streifen der blauen oder grünen Streifenkarte (Wert 1,25 DM). **Etwas teurer** ist
- der City-Bus (direkter Flughafen-Zubringerbus). Er fährt ab 7.10 h alle 20 Minuten bis Hbf. Nord. Fahrpreis 3,- DM. Fahrzeit 15 bis 20 Minuten.
- Taxis kosten etwa 16,- DM.

Mit dem Auto und per Anhalter

- **Aus Richtung Stuttgart** auf der Autobahn 8, Einfahrt Mü.-West, Lotsendienst Obermenzing, Tel. 8 11 24 12. – Autostopper nehmen ab Pippingerstr. die Busse 73 oder 75 bis Amalienburgstr., dann Straßenbahn 17 oder 21 zur Innenstadt.
- **Aus Richtung Nürnberg** auf der Autobahn 9, Einfahrt Mü.-Freimann, Lotsendienst Tel. 32 54 17. – Autostopper: U-Bahn 6 ab Freimann zur Stadtmitte.
- **Aus Richtung Salzburg** auf der Autobahn 8, Einfahrt Mü.-Ramersdorf, Lotsendienst Fasangarten, Tel. 67 27 55. – Autostopper nehmen Straßenbahn Nr. 24 ab Ramersdorf bis Ostbahnhof, dann S-Bahn zur Stadtmitte.
- **Aus Richtung Garmisch-Partenkirchen** auf der Autobahn 95, Lotsendienst Unterdill, Tel. 75 63 30. – Autostopper: Bus 33 ab Luise-Kiesselbach-Platz.

Die Lotsenstationen werden von 8 h bis 20 h, im Winter von 8.30 h bis 19 h bedient. Die Lotsendienstzentrale hat die Telefonnummer 57 10 16. Sich an irgendeinen Punkt in München lotsen zu lassen, kostet 21,- DM.

Wie man sich in München zurechtfindet

Karten und Stadtpläne: Seit 1978 gibt es einen neuen, vorbildlichen Stadt-Prospekt, der nicht weniger als elf München-Pläne umfaßt! Er ist gegen eine Schutzgebühr von 30 Pf im Fremdenverkehrsamt erhältlich. Folgende Pläne sind – außer dem vollständigen Stadtplan auf der Titelseite - enthalten: Übersichtskarte, Innenstadt, Schwabing, Theresienwiese (wo Oktoberfest und Messen stattfinden), Mü. 5 mit Deutschem Museum, Oberbayern mit S-Bahnnetz und die Detailplänchen Tierpark Hellabrunn, Schloß Nymphenburg, Schloß Schleißheim und Olympiagelände.

Von den vielen andern Karten ist der **JRO-Stadtplan München** 1 : 20 000 für 3,80 DM empfehlenswert (nicht verwechseln mit dem »JRO Großer Stadtplan«, der 7,80 DM kostet, oder dem Superplan, der noch die Vororte umfaßt).
Der JRO-Plan zeigt u. a. das Verkehrsnetz mit U-Bahn, S-Bahn, Straßenbahn und Bus; Hausnummern sind angegeben, ein Straßenverzeichnis findet sich auf der Rückseite. Falls der JRO nicht mehr vorrätig sein sollte, sind der **Kompaß-Plan,** 3,80 DM, oder der patentgefaltete **Falk-Plan,** 4,90 DM, zu empfehlen.
Nicht so gut ist der billige Tou-

10 ANKUNFT IN MÜNCHEN

ristenplan zu 2,80 DM oder der Stadtplan mit Hotelliste (3,80 DM). Die Hotelliste ist nicht vollständig, offenbar wurden Hotels nur gegen Bezahlung aufgenommen.

Adressen werden in München etwa so angegeben: Hotel Kreuzbräu, Mü. 2, Brunnstraße 3. Dabei bedeutet die Zahl 2 den Postzustellbezirk, aus dem man die ungefähre Lage innerhalb der Stadt abschätzen kann. Die **Postzustellbezirke** in der Kernzone Münchens umfassen folgende Gebiete:

- **2** Stadtmitte, etwa 2 km im Umkreis des Hauptbahnhofs, mit dem größten Teil der Altstadt.
- **5** Südlich an die Altstadt angrenzende Isarvorstadt (bis zur Isar).
- **22** Nordöstlicher Sektor der Altstadt und angrenzende Isarvorstadt (bis zur Isar).
- **40** Vergnügungs- und Studentenviertel Schwabing und nördlich angrenzende Stadtteile.
- **80** Haidhausen, der »kommende« Stadtteil Münchens, und Bogenhausen (jenseits der Isar).

Hausnummernschilder sind stets mit einem Pfeil versehen, der die Richtung der ansteigenden Hausnummern zeigt.

Noch ein Tip: In jeder der unterirdischen S-Bahn- und U-Bahn-Stationen findet sich in den Schaukästen des MVV (Münchner Verkehrs- und Tarifverbund) ein Umgebungsplan, der gewöhnlich die Umgebung bis zur nächsten Haltestelle zeigt. Leider finden sich fast nirgends öffentlich angebrachte Stadtpläne – nur am Hauptbahnhof, beim Hofbräuhaus und auf dem Olympiagelände habe ich welche entdeckt.

Postzustellbereiche:
2, 5, 22 Innenstadt.
19 Gern, Neuhausen, Nymphenburg.
21 Laim.
40 Milbertshofen, Hirschau, Schwabing.
45 Kol. Harthof, Siedl. Neuherberg, Fröttmaning, Freimann, Kulturshaim, Siedl. Kaltherberg, Siedl. am Hart, Kol. Lerchenau.
50 Feldmoching, Fasanerie Nord, Moosach, Untermenzing, Allach, Ludwigsfeld.
60 Langwied, Obermenzing, Blutenburg, Pipping, Pasing, Freiham, Neuaubing, Aubing.
70 Kleinhadern, Untersendling, Thalkirchen, Mittersendling, Obersendling, Großhadern.
71 Fürstenried, Prinz Ludwigs-Höhe, Solln, Maxhof, Forstenried.
80 Bogenhausen, Steinhausen, Baumkirchen, Josephsburg, Berg am Laim, Haidhausen.
81 Oberföhring, Johanneskirchen, Englschalking, Daglfing, Zamdorf, Denning.
82 Riem, Kirchtrudering, Neutrudering, Waldtrudering, Gartenstadt, Trudering, Straßtrudering.
83 Perlach, Waldperlach.
90 Giesing, Ramersdorf, Stadelheim, Fasangarten, Menterschwaige, Harlaching.

Unterkunft

Kostenlos

Draußen mit Schlafsack und Luftmatratze! Man sollte sich aber nicht grade beim Musentempel Monopteros im Englischen Garten aufs Ohr legen, da kontrolliert die Polizei, die diese »preiswerte« Übernachtungsmöglichkeit gar nicht schätzt, zu häufig. Aber alle Grünanlagen Münchens (sie machen etwa 9 % des Stadtgebietes aus) kann sie nicht kontrollieren. Stadtnah sind z. B. die **südlichen Isaranlagen,** die noch dazu eine Direktverbindung von und zur Altstadt haben: Bus 52 ab Marienplatz bis Alemannenstraße oder Bus 57 ab Sendlinger Tor bis Thalkirchen. Aber auch das nähergelegene **Hochwasserbecken der Isar,** das südlich der Reichenbachbrücke beginnt, bietet versteckte Plätze.

Die **nördlichen Isaranlagen,** die **Hirschau,** sind mit U-Bahnlinie 6 erreichbar. Die Hirschau schließt in nordöstlicher Richtung an den Englischen Garten an.

Besonders billig

Jugendlager:
Nur 3,- DM kostet das Übernachten im **Jugendlager Kapuzinerhölzl,** das - trotz seines Namens - nicht nur Jugendliche aufnimmt. (»Ältere Jahrgänge sollten sich hier aber nicht allzu lange aufhalten«, sagt einer der idealistischen Lageristen. »Nach drei Nächten sollten sie den weniger bemittelten Jugendlichen Platz machen.«) Das Jugendlager, das vom letzten Wochenende im Juni bis zum ersten Wochenende im September aufgebaut wird, besteht aus einem 300-Personen-Zelt mit Holzboden. In einem Nebenzelt befinden sich eine Kantine und eine Küche. Schlafsack und Luftmatratze müssen mitgebracht werden!

Weiterer Vorteil: Man bekommt viele Infos! Das Lager befindet sich Am Kapuzinerhölzl / Ecke In den Kirschen (nördlich Nymphenburger Park), Tel. 1 41 43 00. So kommt man hin: Mit Straßenbahn Nr. 17 und 21 bis Botanischer Garten, dann die Franz-Schrank-Str. hinaufgehen. **Achtung, Hitchhiker!** Das Kapuzinerhölzl ist nur etwa 4 km von der Autobahneinfahrt München-West (Autobahn A 8 von Stuttgart/Augsburg) entfernt. Also nicht zuerst in die Stadtmitte fahren!

Campingplätze:
2,50 DM bis 2,90 DM pro Person und Nacht plus 1,50 DM bis 3,- DM Nachtgebühr fürs eigene

12 UNTERKUNFT

Zelt (je nach Größe) verlangen die vier Campingplätze Münchens:

- **Thalkirchen.** Zentralländstr. 39, Mü. 70, Tel. 7 23 17 07, an der Isar im Süden der Stadt gelegen, 5½ km vom Stadtzentrum (Luftlinie). Bus 57 von Sendlinger Tor (Altstadtrand) bis Endstation Thalkirchen, dann zu Fuß. Mitte März bis Ende Oktober geöffnet. **Am billigsten.**
- **Langwieder See,** Eschenrieder Str. 119, Mü. 60, Tel. 8 14 15 66, an der Autobahn A 8, 5 km vor der Einfahrt im Nordwesten Münchens gelegen, 14 km (Luftlinie) vom Stadtzentrum.
- **Obermenzing,** Lochhausener Str. 59, Mü. 60, Tel. 8 11 22 22/35, 1 km vor der Autobahneinfahrt A 8 im Nordwesten Münchens gelegen, 10½ km (Luftlinie) vom Stadtzentrum. Ganzjährig geöffnet.
- **Nord-West,** Dachauer Str. 571, Mü. 50, Tel. 1 50 37 90, im Norden der Stadt gelegen, 9 km (Luftlinie) vom Stadtzentrum. Autokino in der Nähe. **Am teuersten.**

Jugendherbergen und Jugendhotels:
6,50 DM für Jugendliche bis 20 Jahre, **8,50 DM** für Jugendliche von 20 bis 27 Jahren kostet's - inkl. Frühstück - in der **Jugendherberge München,** Wendl-Dietrich-Str. 20, Mü. 19 (am Winthirplatz), Tel. 13 11 56. Gültiger Jugendherbergsausweis ist unerläßlich. Wäscheleihgebühr 1,80 DM pro Woche, falls kein Schlafsack. Das 574-Betten-Haus wird um 23.30 h geschlossen. Essen 4,40 DM. Straßenbahn 21 bis Rotkreuzplatz.

8,50 DM im Schlafsaal, **10,50 DM** im Dreierzimmer, **12,50 DM** im Doppel und **14,50 DM** im Einzel (inkl. Frühstück) kostet die Übernachtung im modernen **DJH-Gästehaus** an der Miesingstr. 4, Mü. 70, Tel. 7 23 65 50 (im Süden der Stadt). Cafeteria, Essen 4,20 DM. Bus 57 bis Endstation Thalkirchen oder U-Bahn bis Harras, dann Bus 62, 66 oder 162 oder Straßenbahn 16 oder 26 bis Boschetsrieder Str.

Nur während der Schulferien und nur für Mädchen und Frauen (bis 30) ist das **Marieluise-Schattmann-Haus,** Friedrich-Loy-Str. 16, Mü. 40 (Schwabing) geöffnet. Tel. 30 17 24. Die Übernachtung kostet hier **12,- DM** (inkl. Frühstück).

13,- DM mit Frühstück, aber nur für Mädchen und Frauen von 18 bis 30, kostet die Übernachtung im **Jugendhotel Marienherberge,** Goethestr. 9, Mü. 2 (1 Minute vom Hbf.), Tel. 55 58 91.

Billig

Bei den hier erwähnten Pensionen, Hotelpensionen und Fremdenheimen der Münchner Innenstadt handelt es sich um einfache, kleinere Betriebe, die oft nur von der Inhaberin mit einer Angestellten geführt werden. Häufig sind sie in großen Wohnungen untergebracht. Stets sind sie sauber. In den wenigsten Fällen gibt es Zimmer mit Bad oder Dusche, aber ein Waschbecken mit Kalt- und Warmwasser ist in den Zimmern immer vorhanden. Für die Benutzung des Etagenbades werden manchmal 2,- DM bis 2,50 DM verrechnet, manchmal ist sie im Preis inbegriffen. Handtücher werden in der Regel gestellt. Außer dem Frühstück werden keine Mahlzeiten serviert. Wenn nicht anders angegeben, ist das Frühstück im Übernachtungspreis enthalten. In der Regel besteht es aus Brötchen, Butter, Marmelade, vielleicht Käse, Kaffee oder Tee. Ein Ei kostet bis 1,- DM extra. Alle Preise sind inkl. Bedienung, Mehrwertsteuer und Taxen. Von Juni bis September mögen sie um einige Mark steigen. Man muß einen polizeilichen Fremdenschein ausfüllen.

Einerzimmer und Doppelzimmer kosten ab:

15,- DM und 28,- DM im **Fremdenheim Frank**, Mü. 40, Schellingstr. 24 (Nähe Kreuzung Türkenstr.), Tel. 28 14 51. Die billigsten Zimmer werden nur für längere Dauer vermietet, sonst kostet's etwa 3,- DM mehr. **(1)**
15,- DM und 30,- DM in der **Pension Scheel**, Mü. 40, Isabellastr. 31 (Nähe Kreuzung Elisabethstr.), Tel. 37 36 11. **(2)**
16,- DM und 26,- DM im **Studentenheim Newman-Haus**, Mü. 22, Kaulbachstr. 29 (Nähe Kreuzung Veterinärstr.), Tel.

> Die Nummern (−) hinter den Hotels und Pensionen – jeweils am Ende eines Absatzes – sind identisch mit den Nummern auf dem Plan der Innenstadt (S. 18) und dienen als Orientierungshilfe.

28 50 91. Dies ist der Preis für Studenten und Schüler. Nicht-Studenten zahlen ab **19,- DM und 30,- DM**. Das Newman-Haus ist nur in den Semesterferien (März, April, August, September und Oktober) für Touristen geöffnet. Handtücher müssen mitgebracht werden. **(3)**
14,50 DM und 26,- DM im **Fremdenheim Hirschbeck**, Mü. 22, Kaulbachstr. 69 (Nähe Kreuzung Ohmstr.), Tel. 39 63 23. Ruhig gelegen. Preise ohne Frühstück. Nur 10 Zimmer. Keine Bäder – auch nicht auf der Etage. **(4)**
18,- DM und 30,- DM in der **Pension Isabella**, Mü. 40, Isabellastr. 35 (Nähe Kreuzung Elisabethstr.), Tel. 37 35 03. Telefon in den Zimmern. **(5)**
18,50 DM und 37,- DM im **Gasthof Königsbauer**, Mü. 5, Müllerstr. 30 (Kreuzung Papa-Schmid-Str.), Tel. 26 31 01. Eher lärmige Lage. Telefon in den Zimmern. **(6)**
15,- DM und 30,- DM in der **Pension Schiller**, Mü. 2, Schillerstr. 11 (Nähe Hbf.), Tel. 59 24 35. Preise ohne Frühstück. Für die zentrale Lage ist das trotzdem billig. **(7)**
19,- DM und 35,- DM in der **Pension Röschlein**, Mü. 2, Luisenstr. 55 (Nähe Kreuzung Theresienstr., hinter der Technischen Universität), Tel. 52 21 84. **(8)**
18,- DM und 35,- DM im Hotel **Fremdenheim Vietnam**, Mü. 5, Utzschneiderstr. 14 (am Reichenbachplatz), Tel. 24 24 30. Hier kriegt man auch die billigsten Zimmer mit Dusche: **Einzel für 22,- DM, Doppel 39,- DM**. Im Erdgeschoß befindet sich ein vietnamesisches Restaurant. **(9)**
20,- DM und 36,- DM in der **Pension Franz Joseph**, Mü. 40,

14 UNTERKUNFT

Franz-Joseph-Str. 18 (Nähe Habsburgerplatz), Tel. 39 52 09. **(10)**
20,- DM und 41.- DM in der **Pension Erika,** Mü. 2, Landwehrstr. 8 (unweit Altstadtring), Tel. 55 43 27; Telefon in den Zimmern, hübscher Innengarten, Großgarage nebenan. **(11)**

Weniger billig

Einerzimmer und Doppelzimmer ab:
22,- DM und 39,- DM in der **Hotelpension Theresia,** Mü. 2, Luisenstr. 51 (Nähe Kreuzung Theresienstr.), Tel. 52 12 50. Nett, Telefon im Zimmer. **(12)**
22,- DM und 40,- DM in der **Pension Luna,** Mü. 2, Landwehrstr. 5 (Nähe Altstadtring), Tel. 59 78 33. Ruhige Lage, Großgarage gegenüber. **(13)**
22,- DM und 40,- DM in der **Hotelpension Dollmann-Garrecht,** Mü. 22, Thierschstr. 49 (am Thierschplatz), Tel. 22 56 61 und 22 05 78. Grade renoviert, Telefon im Zimmer. **(14)**
22,- DM und 40,- DM in der **Pension Utzelmann,** Mü. 2, Pettenkoferstr. 6 (unweit Sendlinger-Tor-Platz), Tel. 59 48 89. **(15)**
23,- DM und 40,- DM in der **Pension Wilhelmy,** Mü. 40, Amalienstr. 71 (Nähe Kreuzung Adalbertstr.), Tel. 28 39 71. Nett. **(16)**
20,- DM und 30,- DM (ohne Frühstück) in der **Pension Margit,** Mü. 2, Hermann-Lingg-Str. 1 (Ecke Bayerstr., 1 km vom Hbf.), Tel. 53 33 40. Rechnet man 3,50 DM fürs Frühstück dazu, kommen die Preise auf 23,50 DM und 37,- DM. **(17)**
20,- DM und 35,- DM im **Hotel Kreuzbräu,** Mü. 2, Brunnstr. 3, Tel. 24 24 66. Preise ohne Frühstück, was mit einem Aufschlag von 3,50 DM fürs Einzel 23,50 DM, fürs Doppel 42,- DM ausmacht. Trotzdem immer noch das billigste Hotel in der Altstadt. **(18)**
24,- DM und 34,- DM im **Haus International,** Mü. 40, Elisabethstr. 87 (Ecke Kathi-Kobus-Str.), Tel. 18 50 81. Ein 400-Betten-Jugendhotel mit Schwimmhalle, Diskothek, Cafeteria und Kellerbar – **nur für Jugendliche bis 30 Jahre.** Mehrbettzimmer und Einzel. **(19)**
24,- DM und 36,- DM im **Hotel Herzog Wilhelm,** Mü. 2, Herzog-Wilhelm-Str. 23 (am Altstadtrand), Tel. 2 60 36 05. **(20)**
24,- DM und 36,- DM im **Hotel Tannenbaum,** Mü. 2, Kreuzstr. 18 (am Altstadtrand), Tel. 2 60 49 65. Eine Mansarde für 18,- DM. **(21)**
24,- DM und 40,- DM im **Hotel Haberstock,** Mü. 2, Schillerstr. 4 (ganz nah beim Hbf.), Tel. 55 78 55. Mittelgroßes Hotel (114 Betten), Telefon im Zimmer. **(22)**
24,- DM und 48,- DM im **Hotel Rotkreuzplatz,** Mü. 19, Rotkreuzplatz 2, Tel. 16 20 71. Telefon im Zimmer, mittelgroßes Hotel (120 Betten).

In der Preislage Einzel 25,- DM/ Doppel 40,- DM gibt es in der Innenstadt folgende Unterkunftsmöglichkeiten:
Pension Am Bahnhofsplatz, Mü.

2, Bahnhofsplatz 5, 5. Stock (Lift), Tel. 59 50 45. Achtung: teures Frühstück! **(23)**
Hotel Bayernland, Mü. 2, Bayerstr. 73 (Nähe Hbf.), Tel. 53 31 53, Telefon im Zimmer, 100 Betten. **(24)**
Pension Casino, Mü. 2, Marsstr. 13 (Nähe Hbf.), Tel. 59 34 07. **(25)**
Pension Hubertus, Mü. 2, Schwanthalerstr. 63 (südl. Hbf.), Tel. 53 63 26. **(26)**
Das **Hotel Bosch,** Mü. 2, Amalienstr. 25, Tel. 28 10 61, hat bayerisch eingerichtete Einzelzimmer für 25,- DM (andere Einzel 29,- DM), aber Doppelzimmer sind nur mit Bad erhältlich und dementsprechend teuer (47,50 DM). **(27)**

Mein persönlicher Tip

Pension Beck, *Mü. 22, Thierschstr. 36 (Nähe Mariannenplatz), Tel. 22 07 08 und 22 57 68; Straßenbahnen 1, 4, 21 bis Maxmonument, Straßenbahn 20 bis Mariannenplatz (alle ab Hbf.).*
Diese Pension ist nicht gerade die billigste, aber mit einer Einrichtung versehen, die das Touristenleben verbilligt und angenehmer macht. In jedem Stockwerk gibt es eine Küche zur freien Benützung der Gäste! Herd, Spülstein, Geschirr, Töpfe, Pfannen, Kühlschrank – alles ist vorhanden. Die 100-Betten-Pension befindet sich in einem Neurenaissance-Haus von 1879. Frau Beck leitet den Betrieb persönlich. Für Einzelzimmer verlangt sie **18,- DM** *bis* **28,- DM,** *für Doppelzimmer* **32,- DM** *bis* **44,- DM,** *für Doppelzimmer mit Bad/ WC* **64,- DM.** *In Dreier- und Viererzimmern kostet das Bett* **18,- DM** *bis* **22,- DM.** *Wer das Frühstück nicht selbst in der Küche zubereiten mag, sondern bestellt, zahlt* **4,- DM** *extra. Der Schwarzweiß-Fernseher in jedem Zimmer kostet* **2,50 DM** *pro Tag. Die Benutzung des Etagenbades ist kostenlos. Im Rückgebäude wohnt man besonders ruhig, aber man muß die Küche im Vordergebäude benutzen.*
Die Pension Beck **(29)** *hat freilich einen Nachteil – sie ist oft ausgebucht. Deshalb noch ein zweiter Tip:*
Hotel Kronprinz, *Mü. 2, Zweigstr. 10 (beim Hbf.), Tel. 59 36 06. Ein zentral gelegenes Hotel der gemütlichen Sorte mit großzügigen Zimmern. Ein ruhiger Innenhof mit Rosen und Gartenzwergen verleiht dem Fin-de-Siècle-Haus einen Hauch von Grand-Hotel. Gar nicht à la Grand-Hotel sind aber die Preise: Einzelzimmer kosten* **26,- DM,** *Doppelzimmer* **41,- DM** *(mit Frühstück). Im Hochsommer sind die gefragteren Zimmer zum Hof* **4,- DM** *teurer.* **(30)**

UNTERKUNFT

Einen kompliziert abgestuften Tarif hat das **CVJM-Jugendgästehotel**, Mü. 2, Landwehrstr. 13, Tel. 55 59 42. Trotz des Namens ist jedermann willkommen. Die billigsten Einzel für Jugendliche bis 27 Jahre kosten **25,50 DM**, wenn man drei bis sechs Nächte bleibt **24,- DM**, und bei noch längerem Aufenthalt **22,50 DM**. Zimmer zur ruhigeren Hofseite kosten **1,50 DM** mehr. Erwachsene über 27 bezahlen zusätzlich 11 % Mehrwertsteuer, d. h. **28.30 DM** bzw. **26,65 DM** bzw. **25,- DM**. Doppelzimmer kosten für Jugendliche bis 27 Jahre **43,- DM**, bei drei bis sechs Nächten **40,- DM**, ab sieben Nächten **37,- DM**. Die ruhigere Hofseite ist pro Doppel **3,- DM** teurer. Erwachsene über 27 bezahlen zusätzlich 11 % Mehrwertsteuer, d. h. **47,80 DM** bzw. **44,40 DM** bzw. **41,- DM**.
2,- DM billiger pro Person ist's in den Dreibettzimmern. 10 % Winternachlaß gibt es von Mitte Oktober bis Mitte März. Alle Preise inkl. Frühstück. Im Restaurant gibt es ein Abendessen schon für 6,30 DM (kein Mittagstisch). **(28)**

Nur für Gruppen

Gruppen ab zwanzig Personen erhalten im **CVJM-Jugendgästehotel** (Adresse s. oben) pro Kopf und Nacht einen Nachlaß von 1,50 DM auf die üblichen Preise.
Gruppen ohne Altersbeschränkung bezahlen **8,- DM** pro Bett im Schlafsaal (inkl. Frühstück) in der **Jugendherberge im Salesianum**, Mü. 80, St.-Wolfgang-Platz 11 (Stadtviertel Haidhausen), Tel. 4 13 83 30.
15,- DM (Einzel) und **24,- DM** (Doppel) kostet eine Übernachtung (ohne Frühstück) für Gruppenmitglieder im **Übernachtungsheim Olympia-Radstadion**, Mü. 40, Winzererstr. 125, Tel. 3 86 44 04.
7,50 DM im Schlafsaal, **20,- DM** im Einzel-, **24,- DM** bis **30,- DM** im Doppelzimmer (ohne Frühstück) bezahlen Gruppenmitglieder in der **Sportschule Grünwald**, Eberstr. 1, 8022 Grünwald, Tel. 64 96 26 (südl. von München, erreichbar mit Straßenbahn Nr. 25).
Wer länger in München bleiben und ein Zimmer nehmen will, geht mit Vorteil im August/September hin. Während der Semesterferien bieten Studenten ihre Zimmer oder Wohnungen zur Untermiete an. Solche Angebote findet man auf den Anschlagbrettern in der Mensa der Universität, Leopoldstr. 13 (Nähe Giselastr.), oder am der Mensa der Technischen Universität, Ecke Arcisstr./Gabelsbergerstr. Monatsmiete etwa ab 150,- DM, je nach Größe und Lage.

> **Was tun, wenn man nachts ankommt?**
> Meist haben nur teure Hotels rund um die Uhr geöffnet. Das Jugendhotel **Haus International** (s. S. 14) macht eine Ausnahme. Es nimmt 24 Stunden lang Gäste auf - allerdings keine über 30!

Essen und Trinken

Berücksichtigt sind nur Gaststätten in der Innenstadt, in Schwabing und in der Nähe touristischer Attraktionen. Die aufgeführten Speisen sind lediglich preisgünstige Beispiele aus der Karte. Alle zitierten Preise sind Endpreise inkl. Mehrwertsteuer (MWSt), Getränkesteuer und Bedienung. Zusätzliches Trinkgeld ist nicht üblich.
Falls nicht anders angegeben, sind die Gaststätten von morgens 9 h oder 10 h bis Mitternacht oder 1 h geöffnet, warme Küche wird in der Regel bis 23 h angeboten.

Kostenlos

Eine **kostenlose Brotzeit und Freibier** gibt's nach der Führung durch die Löwenbräu-Brauerei (s. S. 32).

Besonders billig

Wurst und Bier - davon läßt sich in München billig leben. Am münchnerischsten sind - neben den obligaten Weißwürsten - Blut- und Leberwürste, Bockwurst und Stockwurst, Schweinswürste und - trotz des Namens - Regensburger und Wiener. Würste, heiß oder kalt genossen, sind das Kernstück einer besonderen bayerisch-münchnerischen Eßgewohnheit: der Brotzeit. Die Brotzeit kann ein zweites Frühstück sein, ein Vesper oder ein ganzes Abendessen.

Vom späten Vormittag an gibt's in Metzgereien und Feinkostgeschäften frischen warmen Leberkäs', ein anderer wichtiger Bestandteil der Brotzeit, zu der aber selbstverständlich auch Brot gehört, und zwar Schwarzbrot. Wer nicht einen ganzen Laib kaufen will, ißt Brez'n, Maurerloabi oder Riemische (Doppelsemmeln). Ebenfalls sehr münchnerisch ist »Obatzte«, das ist mit Gewürzen und Eidotter angemachter Weichkäse.

Am billigsten ist es, die Zutaten zur Brotzeit einzukaufen und im Hotelzimmer oder auf einer Parkbank zu verspeisen. Am günstigsten kauft man sie in den Lebensmittelabteilungen der Kaufhäuser **Neckermann** (Neuhauserstr. 13, in der Fußgängerzone) und **Hertie** (am Hbf. und an der Münchener Freiheit, Schwabing) sowie in den Läden der Selbstbedienungs-Ketten **Krone, Deutscher Supermarkt** und **Aldi**.

Achtung: Einkaufen auf dem

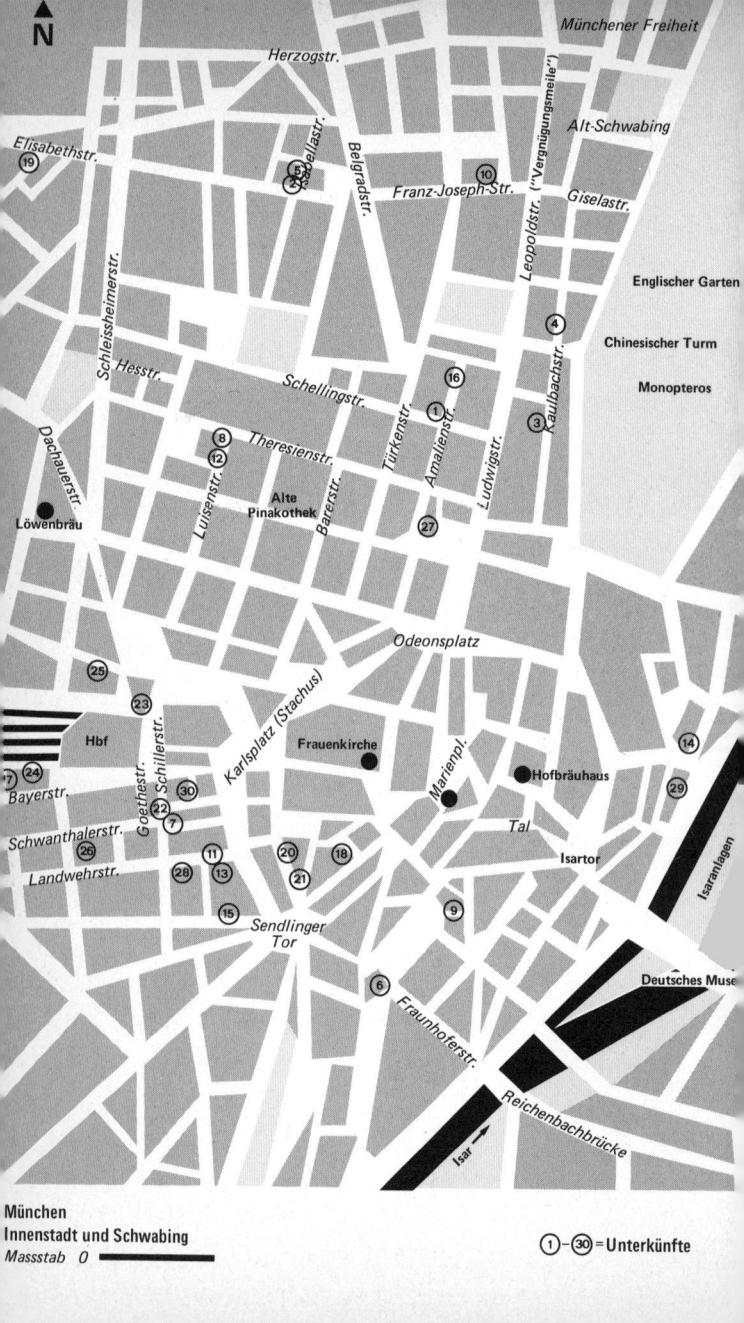

München
Innenstadt und Schwabing
Massstab 0

① – ㉚ = Unterkünfte

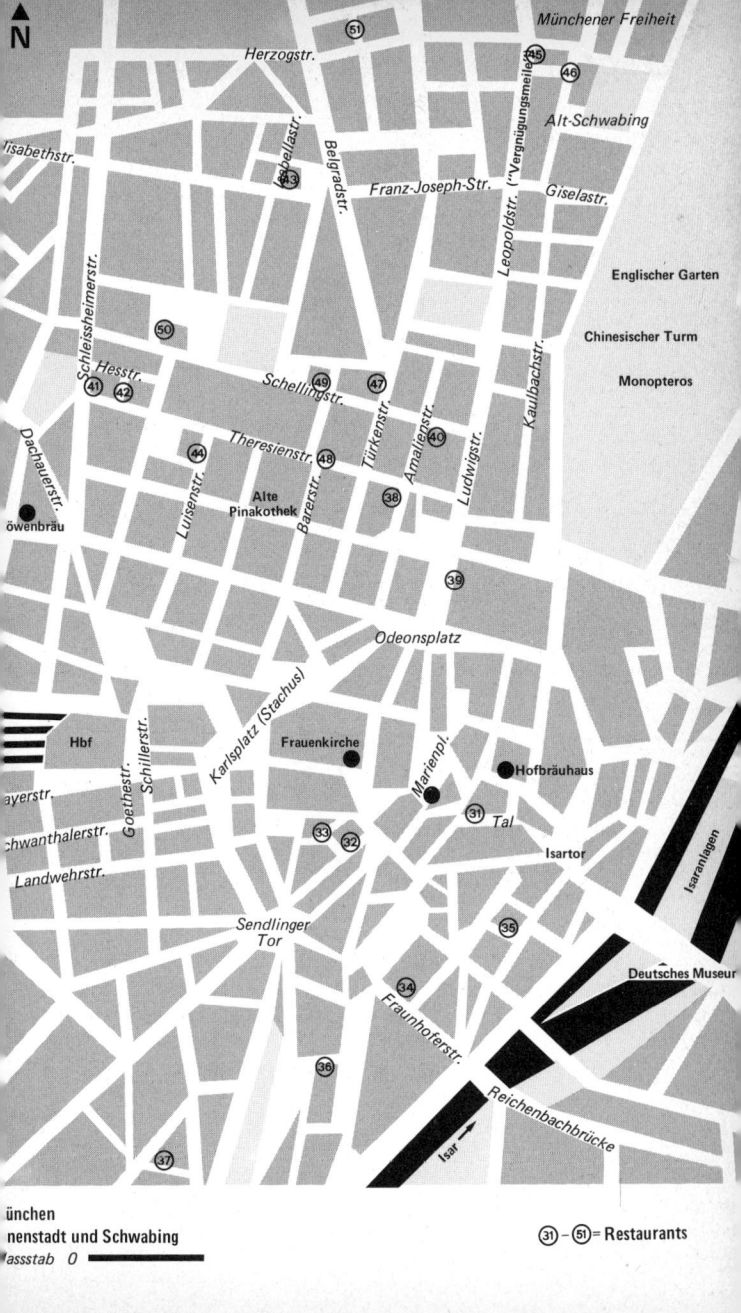

Viktualienmarkt (Innenstadt) oder auf dem Markt am Elisabethplatz (Schwabing) ist keineswegs billig!

Besonders billig sind auch die Imbißecken, die in ganz München zu finden sind, in der Innenstadt vor allem in den unterirdischen Fußgängerpassagen und U-Bahn-Stationen. So kostet im **Imbiß-Expreß unterm Marienplatz** der Kartoffelsalat 1,30 DM, Hot Dog 1,50 DM, ein Sandwich 1,80 DM, Gulaschsuppe 2,20 DM, Cola 1,- DM. Im **Buffet unterm Karlsplatz/ Stachus** verlangt man für Pommes frites 1,50 DM, für eine Pizza 1,95 DM, für ein Sandwich 2,50 DM, für ein Schnitzel 3,50 DM, für die Cola 1,- DM, fürs Bier (0,4 l) 1,50 DM.
Nachteil: Diese Imbißecken haben normale Ladenöffnungszeiten, schließen während der Woche also schon um 18.30 h (außer denjenigen unterm Bahnhofsplatz). Zudem muß man im Stehen essen.
Diese Nachteile treffen nicht für die Billigst-Gaststättenkette **McDonald's** zu, die nur ein sehr beschränktes Angebot hat (8 Snacks, 7 Getränke). Hamburger kosten 1,40 DM bis 3,60 DM, heiße Apfeltaschen 1,35 DM, Pommes frites 95 Pf und 1,45 DM, Kaffee, Kakao und Cola 1,- DM, Bier (0,4 l) 1,60 DM. Man kann sich zum Essen auch setzen. Restaurants der McDonald's-Kette finden sich u. a. an der Schwanthalerstr. 8, Goethestr. 74 (Nähe Goetheplatz), Zweibrückenstr. 8 (beim Isartor), und in Schwabing: Leopoldstr. 51 (bei der Giselastr.), Augustenstr. 53/Ecke Gabelsbergerstr., Hohenzollernstr. 152 (Nähe Nordbad).

> **Ein Tip für Studenten und alle, die so aussehen:**
> Volle Mahlzeiten mit Fleisch für 1,80 DM und 2,80 DM sind in der Mensa der Universität, Leopoldstr. 13 (Nähe Giselastr.), und in der Mensa der Technischen Universität, Arcisstr. 17/Ecke Gabelsbergerstr. erhältlich. Natürlich nur für Studenten der Münchner Hochschulen. Aber versuchen kann man's trotzdem. Essensausgabe: 11 h - 14 h und 17 h - 18.30 h, außer Sa./So. In den Semesterferien (Aug., Sept., Okt.) nur Mittagessen.

Billig

Der beste Billig-Tip: die Restaurants der großen Kaufhäuser! Im 2. Stock des **bilka** an der Kaufingerstr. 15 (Fußgängerzone Innenstadt) kosten Mittagsgedeke 4,75 DM, 5,75 DM und 6,75 DM inkl. Suppe, Fleischgericht und Beilage. Schonkostgerichte 9,50 DM, Frühstück mit Ei (bis 11 h) 3,45 DM, Cola 1,- DM und eine Halbe Maß Bier 1,60 DM.
Im 4. Stock bei **Neckermann**, Neuhauserstr. 13 (Fußgängerzone Innenstadt), sind Tagesgerichte schon von 5,45 DM bis 6,85 DM erhältlich, Leberknödel für 4,90 DM, Frühstück (bis

ESSEN UND TRINKEN 21

11 h) von 2,50 DM bis 5,25 DM, eine Halbe Maß Bier für 1,80 DM.
Kaufhof am Karlsplatz hat im Erdgeschoß die **Stachus-Klause,** ein Stehimbiß mit folgenden Preisen: Hähnchenkeule 3,- DM, Eintopf 3,25 DM, Schweineschnitzel 4,- DM, Bier 1,80 DM.
Im Untergeschoß unter dem Altbau des Warenhauses **Hertie,** Bahnhofplatz 7, befindet sich die **Selbstbedienungs-Cafeteria** mit folgenden Preisen: Pommes frites 1,40 DM, Weißwürste 2,40 DM, Linseneintopf mit Wurst 3,50 DM, Geflügelleber mit Reis und Salat 4,80 DM, Kaffee 1,30 DM.
Achtung: Kaufhaus-Gaststätten haben normale Ladenöffnungszeiten, schließen von Mo. bis Fr. also um 18.30 h, am Sa. schon um 13 h oder 14 h.

Weitere Billig-Gaststätten der Innenstadt:
(31) Weißes Bräuhaus, Tal 10, Tel. 29 98 75 (beim alten Rathaus). Eine rauchige Kneipe, die bei Jugendlichen populär ist. Menüs ab 6,20 DM, sonstige Gerichte zwischen 6,50 DM und 9,50 DM. Gut ist das dunkelschwarze Bier: die Halbe Maß Dunkles kostet 1,60 DM, eine Halbe Aventinus (die noch dunklere Spezialität des Hauses) 2,10 DM.
(32) Altes Hackerhaus, Sendlingerstr. 75 / Ecke Hackenstr., Tel. 24 19 77. Bayerisch-bürgerliches Essen: Menüs von 6,50 bis 8,80 DM, kalorienarme Schonkost 7,50 DM und 8,50 DM, die Halbe 1,90 DM.
Unweit davon, an der Hackenstr./Ecke Hotterstr., steht Münchens älteste Gaststätte **(33) »Zur Hundskugel«** von 1440, Tel. 264272. Früher nahmen hier die zum Tode Verurteilten ihre Henkersmahlzeit ein, heute kosten die Hauptgerichte um 7,- DM/8,- DM, Bier 1,80 DM. Sonntags geschlossen.
(34) Fraunhofer, Fraunhoferstr. 9 (gegenüber Einmündung Jahnstr.), Tel. 24 04 55. Gemütliches Lokal mit Klavier, nikotingeschwärzter Stuckdecke und holzgetäfelten Wänden. Das Paar Weißwürste kostet 2,40 DM, Schweinebraten 6,80 DM, andere Fleischgerichte 7,50 DM, Ente 9,20 DM, Bier 1,60 DM, Kaffee 1,50 DM. Im Hinterhof Werkstattkino und Theater.
(35) Buttermelcher Hof, Buttermelcherstr. 17 (Nähe Kreuzung Baaderstr.), Tel. 29 09 25. Geöffnet 17 h - 1 h. Ähnlicher Treffpunkt wie Fraunhofer: mit Klavier, Kegelbahn und manchmal Filmen und Musikaben-

> Die Nummern (−) vor den Gaststätten sind identisch mit den Nummern auf dem Plan der Innenstadt (S. 19) und dienen als Orientierungshilfe.

den. Schinkennudeln 5,50 DM, Kotelett mit Käse überbacken 7,80 DM, Bier 1,70 DM.
(36) Zur Wurzel, Holzstr. 29/ Ecke Westermühlstr., Tel. 26 37 92. Ähnlich wie die beiden vorigen Restaurants. Geöffnet zwischen 18.30 h und 1 h, am Sa. und So. zu. Schweinebraten 6,50 DM, Bier 1,70 DM.
(37) Thomasbräu-Keller, Kapuzinerplatz 5 (südl. Goetheplatz), Tel. 53 49 76. Am Mo. zu. Wurstgerichte zwischen 4,90 DM und 5,80 DM, »richtige« Fleischmenüs 6,90 DM und 7,90 DM. Große Auswahl, Biergarten.

22 ESSEN UND TRINKEN

München hat drei Dutzend **Wienerwald-Gaststätten. (38)** Im Wienerwald an der Amalienstr. 23 (Nähe Kreuzung Theresienstr.), Tel. 28 23 92, wurde der Massenausstoß gebratener Hähnchen vor einem Vierteljahrhundert strategisch vorbereitet und von Huhnvater Jahn schließlich in die Tat umgesetzt. Von hier aus trat die Freßidee ihren Siegeszug durch Europa und Amerika an, und heute kostet das $1/2$ Grillhendl 5,70 DM, $1/4$ Hendl 2,90 DM, Hühnchenleber mit Reis 4,80 DM, Schnitzel ab 8,85 DM, Bier 1,65 DM, Cola 1,40 DM, 0,2 l Wein 1,80 DM. Weitere Wienerwald-Adressen (alle mit ähnlichen Preisen): **(39)** Residenzstr. 3, Tal 21, Dachauer-Str. 21 (Hbf.-Nähe), Karlsplatz 12, Fraunhofer-Str. 39, Steinsdorferstr. 22 (an der Isar); in Schwabing: Leopoldstr. 44 und Herzogstr. 25.

Billig-Gaststätten in Schwabing: Ein richtiges Studentenlokal ist z. B. das **(40) Atzinger,** Schellingstr. 9 / Ecke Amalienstr., Tel. 28 28 80 (Sa./So. erst ab 17 h geöffnet). Menüs zu 5,30 DM, 6,30 DM und um 7,- DM, Weißwurst 1,40 DM, Cola 1,50 DM, Bier 1,70 DM. Das Atzinger ist auch Treffpunkt der (linken) Politszene.

»Studentenessen« mit Bier (Selbstbedienung) ab 4,50 DM bietet das **(41) Euro-Asia,** Hess-Str. 71 / Ecke Schleißheimer-Str., Tel. 52 85 99. Neben üblichen Speisen vor allem indonesische Reisgerichte von 6,50 DM bis 9,50 DM, Menüs sind teuer: 11,- DM bis 17,- DM, Bier 1,70 DM. Geöffnet 11 h – 15 h und 17.30 h – 22 h, am Mo. zu. Ebenfalls indonesisch und billig ist das **(42) Java,** Hess-Str. 51 / Ecke Schwind-Str., Tel. 52 22 21. Warme Gerichte in Selbstbedienung ab 3,50 DM, Vegetarisches ab 6,80 DM, Fleischgerichte (Riesenauswahl) von 7,- DM bis 14,50 DM, Bier 1,60 DM. Geöffnet 11 h – 15 h und 18 h – 22 h, am Mi. zu. **(43) Isabella-Hof,** Isabellastr. 41 / Ecke Neureutherstr., Tel. 37 03 30. Serbisches Reisfleisch 5,- DM, Tellerfleisch 5,50 DM,

---

Für den empfindlichen Magen

Schonkost-Gerichte zu 8,50 DM servieren die **Starnberger Bahnhof-Gaststätten,** Arnulfstr. 3, Tel. 55 45 38. Der Starnberger Bahnhof liegt an der Nordseite des Hbf. Die Gaststätte ist viel gemütlicher als die im Hbf., aber nur von 11 h – 21 h geöffnet.

Vegetarische Gerichte zwischen 6,50 DM und 9,50 DM gibt es im **Alpen-Hotel-Restaurant,** Adolf Kolping-Str. 14/Ecke Zweigstr. (unweit Hbf.), Tel. 55 45 85. Öffnungszeiten: 11.30 h – 15 h und 18 h – 23 h.

Eine kalorienarme Platte wird täglich im **Ratskeller** angeboten, der unterm Rathaus am Marienplatz liegt, Tel. 22 03 07. Preis: um die 8,- DM. Erst ab 15 h geöffnet.

Vegetarisches und makrobiotisches Essen ist Spezialität im **Erdgarten,** Neureutherstr. 23 (Schwabing), Tel. 37 91 52. Auch viele Tees. Öffnungszeiten: Mo. – Fr. 10 h – 15 h, Di. – Sa. 17 h – 22 h.

Cevapcici mit Beilagen 5,50 DM, Kotelett mit Beilagen 6,50 DM, Filetspieß 6,50 DM, Schnitzel 7,- DM, Salate ab 1,80 DM. Sagenhafte Fleischportionen: eine Balkanplatte für zwei Leute reicht für drei. Im Stehimbiß Isabella-Grill nebenan gibt's 1/2 Hähnchen für 3,80 DM und die halbe Maß Bier für 1,40 DM.
(44) Die Uni-Stuben liegen hinter der Technischen Universität an der Luisenstr. 55 (Kreuzung Theresienstr.), Tel. 52 46 68. Chili con carne 5,50 DM, Haustopf (drei Schweinesteaks) 7,50 DM, Menüs von 6,20 DM an aufwärts. Im Hinterhof ein Biergarten.
(45) Hertie, Leopoldstr. 82 (Münchener Freiheit), hat eine Untergeschoß-Cafeteria. Preisbeispiele: Leberknödelsuppe 1,10 DM, Bockwurst 2,- DM, Fleischgerichte um 6,- DM, Cola 1,- DM, Bier 1,80 DM. Ladenöffnungszeiten!

»Münchens kleinste Pizzeria mit der größten Auswahl« nennt sich **(46) Haider's Pizza,** Feilitzschstr. 12/Ecke Siegesstr. (beim »Drugstore«). Klein ist sowohl die Pizzeria als auch die Pizzas (20 Sorten), dafür kosten sie aber nur 4,40 DM bis 7,- DM.
Pizzas und andere italienische Spezialitäten gibt's im großen **(47) stop in,** Türkenstr. 79 (Höhe Blütenstr.), Tel. 28 23 94, und im kleinen **(48) stop in,** Theresienstr. 40 / Ecke Barerstr., Tel. 28 41 47. Pizzas 4,60 DM bis 9,- DM, Spaghetti ab 4,50 DM, Risotto ab 4,60 DM, Tag-

Mein persönlicher Tip

Schon der Name gefällt mir: **Nürnberger Bratwurstglöckl am Dom.** *Die Atmosphäre ist urgemütlich. Der Rauch vom offenen Herdfeuer hat die Holztäfelung dunkel gefärbt, und an einer der Wände hängen die Bilder jener Stammgäste, »die ihre letzte Maß längst ausgeschleckt haben« (so Berufsmünchner Sigi Sommer), unter ihnen Prominente wie Karl Valentin, Leo Slezak und Ludwig Thoma.*
Die Tischdecken haben das weißblaue bayerische Rautenmuster, und serviert wird die Spezialität des Hauses: eben Nürnberger Bratwürste. Das sind fingerdicke Schweinswürstl »am Rost« (vom Grill würde es anderswo heißen), die man mit Sauerkraut auf einem altmodischen Zinnteller bekommt. Kostenpunkt: 4,20 DM für vier Stück, 6,60 DM für sechs. Das Bier dazu kostet 2,30 DM. Wenn Sie auf Anhieb keinen Stuhl finden, versuchen Sie's im ersten Stock. Nicht jeder Tourist und Zugereiste weiß, daß oben noch ein Raum ist. Im Sommer sitzt man draußen in der Fußgängerzone. Adresse: Frauenplatz 9, Tel. 22 03 85. Geöffnet täglich 9 h - 24 h.

24 ESSEN UND TRINKEN

liatelli ab 4,90 DM, Fleischgerichte bis 10,- DM. Das kleine »stop in« hat nur von 10 h - 15 h und ab 18 h auf, das große ist durchgehend geöffnet und nach 1 h ein Treff für Nachtschwärmer.
Der **(49) Schelling-Salon,** Schellingstr. 54/Ecke Barerstr., Tel. 28 22 30, war Hitlers erste Lieblingskneipe in München; heute spielt man dort Billard (7,- DM die Stunde, vormittags 3,50 DM), Tischtennis und Karten. Menüs um 7,- DM, Frühstück 3,50 DM, Brotzeit 6,- DM, Obatzte 3,70 DM, $^{1}/_{2}$ Huhn 7,- DM, Bier 1,90 DM, Schoppen Wein 2,60 DM. Warme Küche 8 h - 0.30 h, am Mi. zu. - Hitlers zweite Lieblingskneipe war die heute teure Osteria Italiana Lombardi an der Schellingstr. 62.
Mehr ein Abendlokal als eine Speisegaststätte ist die **(50) Zieblandhalle,** die sich selbst auch Schwabinger Billigkneipe nennt, Zieblandstr. 41 (Nähe Schwind-Str.), Tel. 52 75 27. Geöffnet 19.30 h - 1 h, am So. zu. Es kosten Leberwurstbrot oder Schmalzbrot 1,- DM, Cola oder Korn 1,- DM, ein Viertel Wein 1,80 DM, die Halbe Bier 1,60 DM. Schach, Skat, Musik.
Für Teetrinker und Nostalgiker ein Lokal mit Rüschen, Plüsch und Palmen: **(51) Mac's Teestube,** Pündterplatz 2 (Kreuzung Herzog-/Römerstr.), Tel. 34 85 19. Geöffnet 10 h - 22 h, So. erst ab 14 h. In Kännchen mit Warmhalteflämmchen drunter werden an die 100 Teesorten serviert, alle mit Quellwasser gekocht - vom Pfefferminztee (2,50 DM) bis zum 2ndFlush Darjeeling Golden Flowery Orange Pekoe, Jahrgang 1975 (für 5,90 DM). Zudem gibt es Toasts, Teegebäck und Frühstück für Spätaufsteher - nämlich bis 14 h.

Weniger billig

Beginnen wir mit dem Frühstück:
Im **Peterhof Hoch-Café,** Marienplatz 22, Tel. 24 10 55, kostet es 3,- DM, mit Ei 5,60 DM. Im **Café Glockenspiel,** Eingang Rosenstr., Tel. 24 29 38, verlangt man fürs kleine Frühstück 3,90 DM, fürs große 5,20 DM, fürs Sektfrühstück 10,90 DM. Beide Cafés befinden sich im 5. Stockwerk, in Augenhöhe des Glockenspiels am Rathaus (s. S. 33), das man als kostenlose Frühstückszugabe bekommt. Für Fensterplätze frühzeitig hingehen! Beide Cafés eignen sich auch zur Kaffeepause: Kaffee gibt es ab 1,80 DM, Kuchen schon ab 2,- DM.
Ein nettes fränkisches Spezialitätenrestaurant mit nicht zu hohen Preisen ist der **Frankenkrug,** Kaiserstr. 5, (Nähe Leopoldstr. in Schwabing). Reiberdatschi (Preußen sagen: Kartoffelpuffer) kosten 4,20 DM, Wildschweinpastete 7,80 DM, Kellermeisterbrotzeit 8,50 DM und das teuerste Gericht auf der Karte: Ochsenfilet vom Grill, 15,80 DM. Frankenweine gibt es schon ab 3,70 DM.
Im 15. Stock des Hotels Deutscher Kaiser beim Hbf. ist das **Restaurant Kaiserstock,** Arnulf-

str. 2, Tel. 55 83 21. Das billigste dort ist eine Suppe für 3,80 DM, Hauptgerichte kosten ab 17,- DM, Schoppenweine 4,- DM. Aber man kann auch rauf, um nur einen Kaffee oder ein Bier (2,30 DM) zu trinken und die Aussicht auf die Stadt zu genießen.

Die besten Weißwürste - zu 1,80 DM das Stück - soll es im **Franziskaner** geben, an der Perusastr. 3 (Nähe Max-Joseph-Platz), Tel. 22 43 79. Berühmt ist auch der Leberkäse (7,50 DM) und das Münchner Tellerfleisch mit frisch geriebenem Meerrettich (9,80 DM).

Das wahrscheinlich preisgünstigste China-Restaurant ist das **Canton**, Theresienstr. 49/Nähe Kreuzung Luisenstr., Tel. 52 21 85, in Schwabing. Da gibt's ein Mittagessen schon ab 5,50 DM und weitere Reisegerichte für 6,- DM und 7,50 DM. Andere China-Gerichte haben höhere Preise. Die Halbe Bier kostet 2,20 DM. Geöffnet 11.30 h - 15 h und 17.30 h - 23.30 h. Weniger billig (um nicht zu sagen **teuer)** sind natürlich die berühmten Münchner Feinschmeckerlokale wie **Boettner, Käfer-Schänke, Tantris** oder **Restaurant Walterspiel.** Hier muß man tief in die Tasche greifen.

Das **Luitpold,** ein Sehen-und-gesehen-werden-Café an der Briennerstr. 11 (Tel. 29 28 65) im Stadtzentrum hat einen Grill, eine Konditorei und zudem eine Tradition wie Kranzler oder Sacher. Hier sitzt man stundenlang beim Zeitunglesen oder draußen an den Gehsteig-Tischen. Der Mittagsteller kostet nur 7,30 DM, die meisten Gerichte jedoch über 10,- DM. Nur bis 20 h geöffnet, am So. zu.

> Wer gerne kulinarisches Sightseeing macht, findet jeden Samstag in der AZ und jeden Montag in der Süddeutschen Zeitung eine Speiseführer-Kolumne, in der jeweils eine Münchner Gaststätte unter die Lupe genommen wird.

Auch wer seine Brotzeit selber einkauft, kann's natürlich weniger billig tun. Würste, belegte Brote, Salate und warme Imbisse sind in der Fleischwaren-Kette **vm vinzenz murr** von solcher Qualität, daß über Mittag die Leute dort Schlange stehen. Es gibt über 30 Filialen; in der Stadtmitte findet man sie an der Rosenstr. 7 (Nähe Marienplatz), Schillerstr. 11a und Schwanthalerstr. 21 (unweit Hbf.), Sonnenstr. 4 (am Stachus), Zweibrückenstr. 5-7; in Schwabing: Münchener Freiheit 4, Schellingstr. 21 (Nähe Kreuzung Türkenstr.).

Noch teurer sind die drei besten Feinkostgeschäfte: **Boettner,** Theatinerstr. 8 (gegenüber Einmündung Perusastr.), **Dallmayr,** Dienerstr. 14/15 (am Marienhof hinterm Neuen Rathaus) und **Käfer,** Schumannstr. 1 / Ecke Prinzregentenstr.

Das schmackhafteste Brot zur Brotzeit verkauft die **Hofpfisterei Ludwig Stocker.** Gebacken wird es in altdeutschen Steinöfen, ohne chemische Zusätze, und ist zehn Tage haltbar. Zentral gelegene Filialen: Viktualien-Markt neben Heilig-Geist-Kirche und Landwehrstr. 4 (Nähe Sonnenstr.) sowie ein Dutzend Filialen in Schwabing.

Bierhallen und Biergärten

Wer nie während des Oktoberfestes oder zur Starkbierzeit im Frühjahr in München war, glaubt kaum, welchen Kult die Bayern mit dem Bier treiben. Als Auftakt zum Oktoberfest (s. S. 59) werden Fässer voller Wies'n-Bier auf geschmückten Wagen durch die Stadt gefahren. Zur Starkbierzeit (s. S. 60) pilgern ganze Scharen zum Salvatorkeller auf dem Nockherberg, um sich an dem ursprünglich als Fastenbier gebrauten Getränk zu laben. Die sieben Brauereien der Stadt – Augustinerbräu (650 Jahre alt), Hakkerbräu, Hofbräuhaus, Löwenbräu, Paulaner-Salvator-Thomasbräu, Pschorrbräu, Spaten-Franziskanerbräu – produzieren jährlich 4,5 Millionen Hektoliter Bier und brauen es nach dem Reinheitsgebot, das 1487 von Herzog Albrecht IV. erlassen wurde. Es ist das älteste noch gültige Lebensmittelgesetz der Welt und besagt einfach, daß »allain gersten, hopffen und wasser« zum Bierbrauen verwendet werden dürfen. Trotzdem entsteht eine Vielzahl von Bieren: Helles, Dunkles, das stärkere Export, das noch stärkere Märzen (14 % Stammwürze) das Wies'n-Märzen (zum Oktoberfest), Weißbier, Maibock und Bock- oder Starkbier (mit 18 % Stammwürze das stärkste Bier), Pils und sogar Diätbier mit nur 100 Kalorien pro 0,33 l.
In München wird das Bier per Maß (= 1 Liter) getrunken. Ebenso üblich ist die Halbe (sprich Hoibe = 1/2 Liter). Immer mehr setzen sich aber auch 0,4 l-Gläser durch. Exportflaschen enthalten 0,33 l, und als Damenmaß gilt ein Viertel.
Am schönsten ist das Biertrinken in einer der zahlreichen Bierhallen. Es wäre wenig sinnvoll, sie in die Kategorien »besonders billig«, »billig« und »weniger billig« einzuordnen, denn das Bier kostet überall ungefähr gleich viel. Nur in den Biergärten mit Selbstbedienung ist es etwas billiger. Die Bezeichnung »-keller« (z. B. Löwenbräukeller) bedeutet nicht unbedingt, daß es sich um ein Kellerlokal handelt. In allen Bierlokalen werden auch Speisen serviert.
Das berühmteste Bierlokal, das **Hofbräuhaus**, ist unter Sehenswürdigkeiten (s. S. 31) aufgeführt, denn zum Biertrinken kann man diesen »touristischen Schwerpunkt« kaum noch empfehlen.
Schönstes Bierlokal sind die **Augustiner Großgaststätten**, Neuhauserstr. 16 (Innenstadt-Fußgängerzone), Tel. 2 60 41 06. Sonntags zu. Originales Dekor, weiße Tischtücher, viel Prominenz. Die Maß kostet 3,80 DM, die Halbe 1,95 DM. Billiger ist die einfachere Augustiner Bierhalle nebenan: Die Halbe kostet dort 1,50 DM (bis 21.30 h offen).
Am eindrucksvollsten ist die **Mathäser Bierstadt**, die wirklich eine kleine »Stadt« ist. An der Bayerstr. 5, beim Karlsplatz, Tel. 59 28 96, gibt es 5000 Sitzplätze – aufgeteilt auf Bierhalle (mit Blasmusik), Innenhof-Biergarten, Arkaden (bei schönem Wetter), Stuben (zum Essen), Gewölbe (altbayerisches Restaurant) und den **Mathäser Weißbierkeller.** Die Mathäser Bierstadt rühmt sich, den größten Bierausschank der Welt zu

haben. Die Halbe gibt's ab 1,95 DM.

Donisl, die »reale Bierwirtschaft zur alten Hauptwache«, Weinstr. 1 (am Marienplatz), Tel. 22 55 08, ist nur noch zur Faschingszeit ein Münchner Lokal mit Münchner Gästen. In den übrigen Wochen des Jahres, vor allem im Sommer, gehört es den Touristen. Die Halbe kostet 1,90 DM. Donisl hat von 9 h - 3 h offen, Fr./Sa. rund um die Uhr.

Von historischem Interesse ist der **Bürgerbräukeller,** Mü. 80, Rosenheimerstr. 29 (südlich S-Bahnstation Rosenheimer Platz), Tel. 48 80 32, im Stadtteil Haidhausen. Er ist als Nazi-Versammlungslokal in die Geschichte eingegangen. Die Halbe kostet 1,80 DM, Mahlzeiten um 8,- DM.

»Echter« als das Hofbräuhaus ist der **Hofbräukeller** im Stadtteil Haidhausen, Innere Wiener Str. 19, Tel. 48 94 89. Ein Riesenrestaurant! Die Holzstühle tragen alle das HB-Zeichen (für Hofbräu) eingeschnitzt. Man trifft hier fast nur einheimische Gäste, kaum Touristen! Samstags manchmal Tanz mit den »Isar-Buam«. Die Halbe kostet 1,60 DM, die Maß im Biergarten nur 2,- DM, Menüs ab etwa 5,- DM. Straßenbahnen 1, 4, 19 oder 21 bis Wiener Platz.

Eine der liebenswertesten Einrichtungen in München (und Bayern) sind die Biergärten, das sind Freiluftwirtschaften, in denen man unter Kastanien, Linden oder Buchen seine Maß schlürft.

Der Hofbräukeller, der Bürgerbräukeller, die Mathäser Bierstadt und das Hofbräuhaus haben einen eigenen Biergarten. Der sehenswerte Biergarten der Augustiner Großgaststätten ist ein ehemaliger Klostergarten.

Zentral gelegen in der Innenstadt ist der **Biergarten am Viktualienmarkt,** wo man die Maß (3,20 DM) unter einem Maibaum trinkt.

Nördlich vom Hbf. gibt es die Biergärten des **Löwenbräukellers** am Stiglmaierplatz, des **Park-Cafés** im Alten Botanischen Garten (Sophienstr. 7) und des **Augustiner-Kellers,** Arnulfstr. 52/Ecke Zirkus-Krone-Str. (Maß 3,80 DM).

Zu den wenigen Biergärten Schwabings zählt der **Kaisergarten,** Kaiserstr. 34/Ecke Bismarckstr. und die **Max-Emanuel-Brauerei,** Adalbertstr. 33 (bei der Kurfürstenstr.).

Im Englischen Garten liegt der **Biergarten am Chinesischen Turm** (sehr »in«; die Maß kostet 3,50 DM), der **Osterwaldgarten,** Keferstr. 12 / Osterwaldstr. 1, der Biergarten am Kleinhesseloher See und die **Gaststätte Hirschau,** Gysslingstr. 7 (am Mo. zu).

Hirschau ist nicht zu verwechseln mit dem **Königlichen Hirschgarten,** Hirschgartenallee 1, Mü. 19. Neben dem ehemaligen Jagdhaus liegt ein Gehege mit Hirschen, das an den Biergarten grenzt. Die Maß kostet 2,75 DM. Etwa 700 m nördlich davon liegt die Nymphenburger Schloßwirtschaft **Zur Schwaige,** ebenfalls mit Biergarten (am Mo. zu).

Im Süden Münchens sind erwähnenswert der **Biergarten Flaucher,** Isarauen 1 (an der Isar), Tel. 7 23 26 77 (am Di. zu), und die **Waldwirtschaft,** Georg-Kalb-Str. 3, 8023 Großhesselohe (südl. an München grenzend), Tel. 79 50 88 (am Mi. zu); ab U-Bahnstation Harras die S-Bahn nehmen bis Großhesselohe. Abends Jazz.

Verkehrsmittel

Kostenlos

Nur zu Fuß kommt man ohne Geld herum. (Schwarzfahrer zahlen in den Münchner Verkehrsmitteln 20,- DM Strafe!)

Billig

Münchens öffentliche Verkehrsmittel sind: Straßenbahn (liebevoll »Tram« genannt), Bus, Schnellbahn (S-Bahn) und Untergrundbahn (U-Bahn). Sie bilden, zusammen mit Regionalbussen und Nebenstrecken der Deutschen Bundesbahn, den *Münchner Verkehrs- und Tarifverbund (MVV)*. Insgesamt hat das MVV-Netz eine Streckenlänge von 1450 km, das entspricht der Luftlinie München-Madrid. Für alle MVV-Verkehrsmittel gibt es einheitliche Fahrkarten.
In allen Verbund-Verkehrsmitteln (außer der DB) ist das Rauchen verboten. Der Verkehr beginnt etwa um 5 h und endet um 1 h. Täglich benützen 1,3 Millionen Menschen den MVV. Sechs der neun S-Bahnen fahren zwischen Laim (Mü.-West) und Ostbahnhof auf einer gemeinsamen Stammstrecke, z.T. unterirdisch. Der Marienplatz ist der Kreuzungspunkt mit der U-Bahn, die noch ein »Stockwerk« tiefer fährt.
Verbundfahren (so nennen's die Münchner) ist billig. Aber die Erklärungen zum Tarif, die an den Haltestellen und in den Verkehrsmitteln aushängen, sind ziemlich kompliziert.
Auf jeden Fall lohnt es sich, Streifenkarten (Mehrfahrtenkarten oder Abonnements) zu kaufen, denn das verbilligt die Benutzung der Verkehrsmittel um 15 % bis 20 %.
Es gibt die roten K-Streifenkarten für Kurzstrecken. Sie kosten 3,50 DM und enthalten 8 Streifen. Zwei Streifen muß man für eine Kurzstrecke entwerten, das kostet 87,5 Pf. Wer eine Einzelfahrkarte löst, zahlt 1,- DM – also 15 % mehr. Für Fahrten in der Innenstadt genügt meist die K-Streifenkarte.
Für längere Strecken kommt der teurere Zonentarif zur Anwendung. Die entsprechenden Mehrfahrtenkarten sind die blaue Kleine Streifenkarte und die grüne Große Streifenkarte. Lassen Sie sich nicht verwirren: klein und groß hat nichts mit der Distanz zu tun. Es bezeichnet lediglich die Länge der Streifenkarte. Die Kleine hat 8 Streifen und kostet 5,- DM, die Große 12 Streifen für 7,50 DM. In beiden Fällen ist der Wert eines Streifens 62,5 Pf. Zwei Streifen muß man im Minimum entwerten (bei längeren Fahrten noch mehr). Das kostet 1,30

DM. Die entsprechende Einzelfahrkarte kostet 1,50 DM – also 20 % mehr.
Streifenkarten kauft man an Automaten, die sich in allen S- und U-Bahnstationen, an größeren Tramhaltestellen und in den Beiwagen der Straßenbahnen befinden. Münzen von 10 Pf bis 5,- DM können eingeworfen werden. Die Automaten geben aber kein Herausgeld. In den Omnibussen verkaufen auch die Fahrer Streifenkarten.
Einzelfahrkarten sind ebenfalls aus Automaten erhältlich oder – in Bus und Tram – auch beim Fahrer.
Bei Fahrtantritt müssen Streifenkarten (immer zwei Streifen im Minimum) oder Einzelfahrkarten entwertet werden. Der Stempelaufdruck zeigt Datum und Uhrzeit. Rote K-Streifenkarten sind 1 Std. gültig. Bei blauen oder grünen Streifenkarten ist die Gültigkeitsdauer bei Fahrten bis 3 Zonen 2 Std., bis 7 Zonen 3 Std., bei 8 und mehr Zonen 4 Std. Während dieser Zeit können Sie innerhalb des Gültigkeitsbereichs beliebig unterbrechen und umsteigen – vom Tram in die U-Bahn, vom Bus in die S-Bahn usw. Aber Sie müssen sich stets auf das Fahrtziel zubewegen. Rundfahrten sind nicht zulässig.
Tarif-Informationen geben das Fremdenverkehrsamt, die Fahrkartenverkaufsstellen in den größeren Bahnhöfen (S- und U-Bahn) und der MVV (Tel. 2 38 03-1).
Fahrpläne sind an allen Haltestellen angeschlagen. Der dicke MVV-Fahrplan mit über 400 Seiten kostet nur 1,50 DM und erscheint halbjährlich neu.

Wenn Sie aus dem Wirrwarr von Zonentarif, Zahlgrenzen, kleinen und roten Streifenkarten nicht mehr klug werden, kaufen Sie sich ein 24-Stunden-Ticket. Es gibt zwei Sorten. Das blaue ist während 24 Stunden für beliebig viele Fahrten im Stadtgebiet Münchens gültig und kostet 5,- DM. Das grüne ist im gesamten Verbundgebiet gültig und kostet 9,- DM. Beide Tickets sind ebenfalls an Automaten erhältlich.

Weniger billig

Taxis sind eher teuer. Mindestfahrpreis beim Einschalten der Taxiuhr: 2,80 DM. Jeder Kilometer auf Stadtgebiet kostet 1,10 DM, außerhalb des Stadtgebietes 1,30 DM.
Eine Fahrt vom Hbf. nach Schwabing kostet ca. 7,- DM.
Trinkgeld ist üblich. Für jedes Gepäckstück, das im Kofferraum transportiert wird, erhebt der Fahrer 50 Pf Zuschlag.
Telefonisch bestellte Taxis dürfen 1,- DM auf den Fahrpreis draufschlagen.

Stadtbesichtigung

Kostenlos

Fünf der sechs Münchner Supersehenswürdigkeiten können mit Einschränkungen kostenlos besucht werden:
1. **Frauenkirche** (ohne Turmbesteigung);
2. **Olympiapark** (ohne Stadien);
3. **Schloßpark Nymphenburg** (ohne Eintritt ins Schloß);
4. **Gemäldesammlung Alte Pinakothek** (sonntags ist der Eintritt frei);
5. **Hofbräuhaus** (sofern man kein Bier trinkt);
6. **Deutsches Museum** (kostet auf jeden Fall Eintritt! S. *Besonders billig,* S. 37).

Die **Frauenkirche**, das Münchner Wahrzeichen mit den Kuppeltürmen (die offizielle Bezeichnung lautet: *Dom zu Unserer Lieben Frau),* ist wie jede röm.-kath. Kirche von der Frühmesse bis abends geöffnet. Messen um 7.15 h, 8.45 h und 17.30 h, sonntags Hochamt um 9.30 h. Der spätgotische, dreischiffige Hallenbau stammt vom Ende des 15. Jahrhunderts. Die Besteigung der 99 m hohen Türme erlaubt einen herrlichen Blick über die Stadt und ihre Umgebung (s. *Besonders billig,* S. 38). Kunsthistorische Führungen im Sommer um 14 h (außer Do. und So.), Dauer 45 Min., 1,-DM.

Der Besuch des 2,8 qkm großen **Olympiaparks,** wo 1972 die XX. Olympischen Sommerspiele stattfanden, kostet keinen Eintritt, denn die eigentlichen Sportanlagen - deren Besuch nicht kostenlos ist - braucht man nicht zu betreten, um die bizarre Zeltdachkonstruktion bewundern zu können, die die Hauptattraktion ist. Einen Blick in die Sportanlagen kann man durch die Fenster werfen, und der Besuch der Schwimmhalle ist (als Zuschauer) frei. (Führung durch die Sportstätten und auf den 290 m hohen Olympiaturm s. *Billig,* S. 40.) Statt des Turms kann man gratis den 60 m hohen Olympiaberg besteigen, von dem aus man ebenfalls Aussicht über die Stadt hat. Kostenlos sind zudem die **Wasserwolke** (täglich 16 h), **Glockenspiele** (11 h, 13.15 h und 17 h) und **Rock-Konzerte** am Sonntag (s. S. 46). Zum Olympiapark kommt man mit der U-Bahn 3 bis Olympiazentrum oder mit Tram 1 und 11 bis Olympiapark-Radstadion.

Der 221 ha große **Schloßpark Nymphenburg,** im 18. Jh. weit vor den Stadttoren Münchens angelegt, ist heute eine grüne Oase inmitten der Stadt. Der weitläufige Park ist bei freiem Eintritt geöffnet. Neben dem eigentlichen Schloß gibt es im Park weitere sehenswerte Gebäude: Amalienburg, Badenburg, das Musentempelchen (am großen See), Pagodenburg und Magdalenenklause. (Öffnungszeiten und Eintrittsgebühren s. *Billig,* S. 39.) Kostenlos besichtigt werden können auch die Verkaufsräume der **Staatl. Porzellanmanufaktur** im

STADTBESICHTIGUNG 31

Nördl. Schloßrondell 8, geöffnet Mo. - Fr. von 8 h - 12 h und 13 h - 17 h (s. auch S. 45). Führungen durch die Porzellanmanufaktur selbst nur nach schriftlicher Voranmeldung.

Die **Alte Pinakothek** ist eine der schönsten europäischen Gemäldesammlungen. Da ist zum Beispiel Dürers »Selbstbildnis im Pelzrock«, Pieter Brueghels »Schlaraffenland«, Lukas Cranachs »Lucretia«, Tizians »Kaiser Karl V.« und zahllose andere berühmte Bilder alter Meister. Das schmucklose Gebäude liegt an der Barerstr. 27, Tel. 28 61 05, Eingang von der Theresienstr., geöffnet 9 h - 16.30 h, Di. und Do. auch 19 h - 21 h, am Mo. zu. Eintritt 2,50 DM, Schüler 20 Pf, am **So. frei.** Keinen Museumsführer kaufen, beschreibende Info-Blätter liegen in jedem Saal aus!

In München steht, jeder weiß es, ein **Hofbräuhaus**, das Staatliche Hofbräuhaus am Platzl (im östlichen Teil der Altstadt), etwas abgelegen, aber von weitem erkennbar an den in der Nähe geparkten Touristenbussen. Im Hauptsaal, der Schwemme, finden 1043 Leute Platz, im Biergarten des Innenhofs noch einmal 407. Eine bayrische Trachtenkapelle in Lederhosen spielt »Oans, zwoa, gsuffa« und alle Touristen schunkeln brav mit, außer denen, die grade Blitzlichtaufnahmen machen. Hier sind die Fremden ungestört unter sich, und das ist auch der Grund, weshalb das Hofbräuhaus unter Sehenswürdigkeiten angeführt ist. Es ist lärmig, rauchig, ungemütlich und teuer. Die Maß kostet 3,40 DM, zwei Weißwürste 3,20 DM. Aber ein Besichtigungs-Rundgang ist frei.

Vier Millionen Besucher kommen jährlich hierher, die Tausende von Maßkrügen mitlaufen lassen. Schilder warnen: »Das Mitnehmen oder mutwillige Beschädigen von Bierkrügen wird strafrechtlich verfolgt.« Rausschmeißer am Ausgang verschaffen dieser Drohung Nachdruck. Man kann die Maßkrüge mit dem HB (für Hof-

1 Olympia-Radstadion
2 Aufwärmplatz
3 Werner-von-Linde-Halle
4 Olympiastadion
5 Olympiahalle
6 Olympia-Schwimmhalle
7 Olympiaturm
8 Eissportstadion
9 Theatron
10 Olympiasee
U U-Bahn
B Busbahnhof
T Tram
P Parkplätze

bräu) aber an zwei Andenkenständen kaufen (8,- DM). Auch als Gebäude stellt das Hofbräuhaus nichts Besonderes dar. Es stammt von 1897 (Pseudo-Renaissance), und nur das gotische Zerwirkgewölbe an der nahen Ledererstr. 3 stammt noch aus der Zeit, als die Hofbrauerei gegründet wurde (1589). Wenn schon Hofbräu, dann lieber den **Hofbräukeller** besuchen (s. S. 27).

Außer diesen kostenlosen Super-Sehenswürdigkeiten gibt's noch eine Menge anderer Sachen gebührenfrei zu begukken, z. B. zwei sehr interessante Industrie-Museen:
- das **BMW-Museum** der Bayerischen Motorenwerke, Petuelring 130 (U 3 bis Endstation Olympiazentrum), Tel. 38 95 33 06, geöffnet Mo. - Fr. 9 h - 17 h, Sa. 9 h - 15 h, und
- das **Siemens-Museum** (Werner-von-Siemens-Institut für Geschichte des Hauses Siemens), Prannerstr. 10 (Altstadt), Tel. 2 34 26 60, geöffnet 9 h - 16 h, Sa./So. 10 h - 14 h.

Die **Staatliche Porzellanmanufaktur Nymphenburg**, Nördl. Schloßrondell 8, Tel. 17 40 25, kann nur in kleineren Gruppen nach vorheriger schriftlicher Abmachung besichtigt werden - dann aber kostenlos.

Führungen, für die man noch »belohnt« wird, veranstaltet die berühmte **Löwenbräu-Brauerei**, Nymphenburgerstr. 4 (beim Stiglmaierplatz), Tel. 5 20 01. Die etwa einstündige Werksbesichtigung wird gekrönt mit *Freibier* und *Brotzeit!* Eigentlich nur für Gruppen (etwa 30 Personen) und nach Voranmeldung, aber als Einzelperson kann man sich oft anschließen. Hingehen (vormittags und nachmittags) und versuchen! Nur in der Zeit zwischen Frühjahr und Oktoberfest.

Für Billigreisende, die gern einen Hauch der großen weiten Welt einatmen möchten, empfiehlt sich ein Blick in die Eingangshallen jener beiden Münchner Luxusherbergen, die zu den führenden Hotels der Welt gehören:
- **Hotel Vier Jahreszeiten,** Maximilianstr. 17 (etwa Höhe Marstallstr.), Tel. 22 88 21; ein Doppelzimmer kostet dort mindestens 125,- DM, ohne Frühstück, und
- **Hotel Bayerischer Hof,** Promenadenplatz 2-6, Tel. 22 88 71; ein Zweibettzimmer ist hier immerhin schon ab 80,- DM zu haben - wiederum ohne Frühstück.

Stadtrundgänge

Stadtrundfahrten kosten Geld, Stadtrundgänge kosten nichts - weder die, die z. B. das Jugendlager Kapuzinerhölzl (s. S. 11) für seine Gäste organisiert (Info am Anschlagbrett), noch jene, die man auf eigene Faust unternimmt. Versuchen Sie z. B. diese **Route durch die Altstadt:**
Karlsplatz (Stachus), **Karlstor,** Fußgängerzone, **Michaelskirche** an der Neuhauserstr. 52 mit dem Grab Ludwigs II., Färbergraben, Hotterstr., Hackenstr., Brunnstr., Kreuzstr., Sendlinger Tor, Sendlingerstr.
An der Nummer 62 steht die **Asamkirche.** Die zauberhafte Rokoko-Kirche wird z. Zt. renoviert und ist nur durchs Gitter zu betrachten, außer man geht zur Abendmesse (Mo. - Fr. 17 h) oder zum Sonntagsgottesdienst (9 h und 10.30 h). Neben der Kirche befindet sich das **Asamhaus** mit seiner plastisch gestal-

STADTBESICHTIGUNG 33

teten Fassade. Weiter durch die Sendlingerstr., Dultstr., vorbei am Stadtmuseum, Oberanger/Ecke St. Jakobsplatz, zum Rindermarkt und zur **St. Peterskirche** (»Alter Peter«) und von da zum **Marienplatz**. Dort sollten Sie kurz vor 11 h eintreffen, denn um 11 h, im Sommer auch um 17 h, findet das **Glockenspiel** am Turm des neugotischen **Neuen Rathauses** statt: Zu einer Glockenmelodie erscheinen buntbemalte Figuren. Ein mittelalterliches Turnier auf Pferden wird ausgetragen, der Schäfflertanz gezeigt, und zum Schluß kräht der Hahn. Dauer: 10 Minuten. Um 21 h erscheinen andere Figuren: Der Nachtwächter bläst das Horn, das Münchner Kindl wird vom Schutzengel gesegnet und zu Bett gebracht. Das Glockenspiel stammt aus dem Jahr 1904 und besteht aus 43 Glocken.

Ein anderes, kleineres Glockenspiel ist stündlich an der Ecke Sendlingerstr. 14 / Hermann-Sack-Str. zu sehen und zu hören.

Den Turm des Neuen Rathauses und des »Alten Peter« kann man besteigen - aber nicht umsonst (s. *Besonders billig*, S. 38).

Vom Marienplatz aus geht der Rundgang weiter unterm **Alten Rathaus** durch in eine Straße, die »Tal« heißt, von da zum **Isartor** (mit Valentin-»**Musäum**«) und zurück via Pflugstr., Marienstr. und Bräustr. zum **Hofbräuhaus**. Vom Platzl via Pfisterstr. zum Hofgraben und links zum **Alten Hof**, einem schönen ruhigen Innenhof mit den Resten der alten Wittelsbacherburg. Sehr hübsch der Burgturm und der mehrgeschossige Erker (15. Jh.). Später zogen die bayerischen Herrscher in die Residenz um, zu der nun auch unser Rundgang führt. Zurück zum Hofgraben, dann Residenzstr. Am Max-Joseph-Platz liegt der Eingang zur **Residenz,** der Säulenbau rechts ist das **Nationaltheater** (Oper). Weiter geht's durch die Perusazur Theatinerstr., eine der eleganten Einkaufsstraßen Münchens, Richtung **Theatinerkirche** und **Odeonsplatz,** vorbei an der **Feldherrnhalle.** Darin steht die Bronzefigur eines Soldaten. In der einen Hand hält er eine Fahne, mit der andern schützt er eine Frau. Nach Münchner Volksmund sagt er: »Die Fahnen könnt's von mir aus ham - aber's Mensch ghört mir!«

Damit hätten wir die Altstadt hinter uns. (Ein Stadtbummel ist übrigens auch im München-Prospekt beschrieben, den es gratis im Fremdenverkehrsamt gibt.) Nun, vom Odeonsplatz aus, gibt es zwei Möglichkeiten, die Stadtbesichtigung fortzusetzen: 1. Diagonal durch den Hofgarten in den **Englischen Garten** und dort in Richtung Norden gehen, vorbei am Musentempel **Monopteros** (schöne Aussicht auf die Stadtsilhouette) und am **Chinesischen Turm,** zum **Kleinhesseloher See.** 2. Vom Odeonsplatz via Briennerstr. und Karolinenplatz (Obelisk) zum Königsplatz. Beide Wege führen nach Schwabing, der eine von Osten, der andere von Süden.

Schwabing, ein früheres Dorf, gehört erst seit 1891 zu München. Wie Montmartre, Soho oder Greenwich Village ist es das Stadtviertel der Künstler und Lebenskünstler, der Studenten und Bohémiens. Schwabing ist geographisch ungefähr das Viereck zwischen Englischem Garten, Mittlerem Ring

(Autobahnring), Schleißheimerstr. und ... Nun, die Grenze nach Süden ist schwierig festzulegen. Die postalische Begrenzung (Mü. 40) ist die Theresienstraße.

Schwabing hat viele Gesichter. Da ist das Touristen-Schwabing, die »Vergnügungsmeile« der **Leopoldstraße** zwischen Münchener Freiheit und Giselastraße (in Wirklichkeit nur eine halbe Meile, nämlich 800 m). Da ist das Studenten-Schwabing, das seinen Mittelpunkt etwa an der Kreuzung Türken-/Schellingstr. hat. Da ist Wohn-Schwabing, jenseits (westlich) der Belgrad- und Barer-Straße, und Alt-Schwabing, das Dorf rund um die Kirche am Haimhauserplatz.

Schwabing, das sind neonbeleuchtete Nepplokale und

Museen: Öffnungszeiten und freier Eintritt

München ist die deutsche Stadt mit den meisten Museen und Sammlungen. In etwa der Hälfte davon ist sonntags und an Feiertagen der Eintritt kostenlos, nämlich:
Ägyptische Kunstsammlung (Hofgartenstr. 1), **Alte Pinakothek, Antikensammlung, Bayerisches Nationalmuseum, Brauereimuseum** (im Stadtmuseum), **Glyptothek, Lenbach-Galerie, Münzsammlung, Neue Pinakothek, Schack-Galerie, Staatsgalerie moderner Kunst, Stadtmuseum, Völkerkundemuseum** (Maximilianstr. 42). (Adressen, die hier nicht angegeben sind, finden sich an anderer Stelle im Text.)

Die Feiertagsregelung ist unterschiedlich. Alle Museen haben am 1. Mai, 1. November (Allerheiligen) und am 25. Dezember geschlossen, fast alle am 1. Januar, Karfreitag, Ostersonntag, Pfingstsonntag, Fronleichnam und 24. Dezember.

Etwa die Hälfte schließt am Faschingsdienstag, Oster- und Pfingstdienstag, am 17. Juni und am 31. Dezember. Verkürzte Öffnungszeiten haben einige Museen am Faschingssonntag und -dienstag, Ostermontag und Pfingstmontag und am 26. Dezember. An diesen Tagen also besser vorher anrufen und sich erkundigen.

Merke: MMmm! D. h.: *Münchens Museen machen montags zu!* (Außer Deutsches Museum, Schack-Galerie, Valentin-Musäum und Amalienburg.)
Tip: Die Schlösser **Nymphenburg** und **Schleißheim** haben an Karfreitag, Oster- und Pfingstsonntag sowie Fronleichnam geöffnet.
Ermäßigter Eintritt für Studenten, Schüler, Kinder, Rentner, Bundeswehrangehörige, Schwerbeschädigte und Gruppen.
Achtung: Keine großen Taschen, Schirme und Stöcke mitführen. In fast allen Museen muß man sie an der Garderobe abgeben, was 20 bis 50 Pf kostet.

rauchige Studentenkneipen, Pornokinos und linke Buchläden, teure Boulevard-Cafés und billige Hinterhof-Biergärten, Einkaufszentren und Trödlerläden, Diskotheken und politische Kabaretts, Spezialitätenrestaurants und Tante-Emma-Läden. Jeder erlebt und genießt das Schwabing, das ihm liegt. »Schwabing ist tot!« sagt man in München. **Haidhausen** heißt das kommende Stadtviertel. Künstler, Studenten, Bohémiens und Gammler, die linke Schickeria, aktive Wohngemeinschaften und kreative Gruppen haben seit Ende der 60er Jahre diesen Arbeiter- und Ausländerstadtteil erobert.

Haidhausen (Mü. 80) liegt jenseits der Isar, etwa im Viereck Rosenheimerstr. (S-Bahn Rosenheimer Platz), Orleanstr. (Ostbahnhof), Innere Wiener Str. und Kirchenstr., wo noch die **Alte Haidhauser Kirche** steht. Das ehemalige Dorf wurde Ende des 19. Jh. im Gründerstil urbanisiert: Es gibt viele schöne alte Häuserzeilen und französisch inspirierte Parkanlagen (Wörthstr., die Fußgängerzone am Weißenburger Platz mit dem maurisch anmutenden Brunnen). Auf dem Pariser Platz ist noch Gemüsemarkt, die Trödlerläden nennen sich noch nicht »Antiquitätengeschäft«, und statt Boutiquen findet man Second-Hand-Shops und Alternativläden. Musik-Kneipen machen den Schwabinger Unterhaltungsstätten Konkurrenz: etwa die **Drehleier** (Balanstr. 23) oder **Song Parnass** (Einsteinstr. 42); die »Szene« trifft sich in Lokalen wie **Laterndl** (Pariserstr.) oder **Blues Beisl** (Elsässerstr. 11). S. auch *Unterhaltung*, S. 47.

Die Altstadt, Schwabing und Haidhausen – das sind die Schwerpunkte unserer kostenlosen Stadtbesichtigung. Was ist sonst noch bei freiem Eintritt zu begucken? Die Hälfte der Münchner Museen ist sonntags unentgeltlich geöffnet (s. Kästchen S. 34).

Besonders billig

Die **billigste Stadtrundfahrt** kann man mit der Straßenbahn machen. Hier ein Vorschlag für 1,75 DM. (Die billigste Stadtrundfahrt per Bus kostet 8,50 DM.) Folgende Route führt an fast allen wichtigen Sehenswürdigkeiten vorbei:

Zwei Streifen auf der roten K-Streifenkarte entwerten und mit Tram Nr. 19 ab Hbf. Süd (Richtung Cosimapark) fahren. Man sieht den Karlsplatz (Stachus), Sendlinger Tor, Müllerstr., Reichenbachplatz, Isartor, Isar, Deutsches Museum (rechts an der Ludwigsbrücke), Hofbräu-Brauerei und Hofbräukeller (links an der Inneren Wiener Str.). Umsteigen am Max-Weber-Platz, nochmal zwei rote Streifen entwerten und zurück mit Tram 21 (Richtung Amalienburgstr.), vorbei am Maximilianeum (Bayerischer Landtag) über die Maximiliansbrücke (links Praterinsel in der Isar), Maxmonument,

Völkerkundemuseum (links), durch die vornehme Maximilianstr. (rechts das Luxushotel Vier Jahreszeiten), rechts Nationaltheater (Oper) und Residenz, dann rechts Theatinerstr. und kurzer Blick zur Theatinerkirche, Promenadenplatz mit Luxushotel Bayerischer Hof, Lenbachplatz mit Wittelsbacher Brunnen, Karlsplatz (Stachus) und zurück zum Hbf. Nord. Dauer laut Fahrplan: 20 Minuten plus Umsteige- und Wartezeit. Diese Tour sollte man selbstverständlich nicht grade in der Hauptverkehrszeit unternehmen. Stadtplan mitnehmen!

Man kann die Tram-Tour erweitern, indem man gleich in der Nr. 21 sitzenbleibt (dann allerdings sollte man am Max-Weber-Platz oder am Hbf. zwei Streifen der blauen oder grünen Karte entwerten). Weiter geht's, vorbei am Löwenbräukeller (Stiglmaier-Platz, links) und am Nymphenburger Schloß. An der Maria-Ward-Str. umsteigen in Bus 41 (Richtung Olympiazentrum). Man kommt durch Moosach, das weitgehend seinen dörflichen Charakter behalten hat, dann vorbei an der Olympiastadt zum Olympiazentrum. Während der Busfahrt in Moosach nochmals zwei blaue oder grüne Streifen entwerten. Im Olympiazentrum umsteigen in die U-Bahn 3. Kurze Fahrt bis Münchener Freiheit (Schwabing). Umsteigen in Bus 54 (Richtung Ostbahnhof). Die Fahrt führt durch die Leopoldstraße, dann durch den Englischen Garten, jenseits der Isar durchs Nobelviertel Bogenhausen zum Ostbahnhof in Haidhausen. Von dort per S-Bahn (zwei rote Streifen) zurück in die Innenstadt. Fahrpreis 3,37 DM, Dauer 1¼ Std. – plus Umsteige- und Wartezeiten.

Ohne viel Geld kann man die **Bavaria** anschauen, die 16 m hohe und 87 360 Kilo schwere bayerische Übermutter. Sie steht auf der Theresienhöhe, oberhalb der Theresienwiese (auf der das Oktoberfest stattfindet). 130 Stufen führen im Innern der Dame zum Kopf hinauf, von wo man – durch ihre Augen – auf die Stadt sieht. Geöffnet 10 h – 12 h und 14 h – 17.30 h (im Winterhalbjahr nur bis 16 h), am Mo. zu. Eintritt 1,– DM. Tram 2 und 20 bis Theresienwiese.

Die **Schack-Galerie**, Prinzregentenstr. 9 (Ecke Reitmorstr.), Tel. 22 44 07, ist von 9 h – 16.30 h geöffnet, am Di. zu. Eintritt 1,– DM, bei Ermäßigung 50 Pf, am So. frei. Zu sehen ist vor allem deutsche Malerei des 19. Jh. (Schwind, Spitzweg, Feuerbach, Böcklin).

Viel Museum für eine einzige Eintrittskarte kriegt man im **Münchner Stadtmuseum,** St. Jakobs-Platz 1 (Ecke Oberanger), Tel. 2 33 22 54. Geöffnet 9 h – 16.30 h, am Mo. zu. Eintritt 1,50 DM, bei Ermäßigung 50 Pf, am So. frei. In dem gotischen ehemaligen Zeughaus permanente und wechselnde Ausstellungen über Münchner Stadtgeschichte (berühmt die Moriskentänzer von 1480), Münchner Wohnkultur, dazu Brauereimuseum, Puppentheater- und Musikinstrumentensammlung, Foto- und Filmmuseum.

Altes Residenztheater (Cuvilliés-Theater), Eingang Residenzstr. 1, Tel. 22 45 55. Geöffnet Mo. – Fr. 14 h – 17 h, So. 10 h – 17 h. Eintritt 1,– DM, bei Er-

STADTBESICHTIGUNG 37

mäßigung 50 Pf. Die ehemalige kurfürstliche Hofbühne ist ein zauberhaftes Rokoko-Theater (von 1753), das man unbedingt auch bei einer Vorstellung erleben sollte (s. *Unterhaltung,* S. 49).
Staatliche Münzsammlung (in der Residenz), Eingang Residenzstr. 1, Tel. 22 72 21. Geöffnet Di. – So. 10 h – 16 h, am Mo. zu. Eintritt 1,– DM, Studenten frei, am So. frei. Münzen, Medaillen, Gemmen.
Valentin-Musäum, Tal 43 (im Innern des Isartors), Tel. 22 32 66. Geöffnet So. 10.01 h – 17.29 h und Sa., Mo., Di. 11.01 h – 17.29 h. Eintritt 1,50 DM, Studenten und Schüler 70 Pf. »Neunzigjährige haben in Begleitung ihrer Eltern freien Eintritt«, heißt's am Eingang. Das gibt den Ton dieses verrücktesten Museums in Deutschland an. Es ist dem skurrilen Münchner Volkskomiker Karl Valentin *(»Mög'n täten wir schon wollen, aber dürf'n haben wir uns nich getraut!«)* gewidmet, der von 1882 – 1948 lebte. Höhere Blödelei und tieferer Sinn – hier wird beides zum Ausstellungsobjekt. Im Turmstüberl das **Volkssänger-Lokal,** Münchens originellste Gaststätte – »auch bei Regenschein« zu besuchen.
Residenzmuseum, Max-Joseph-Platz 3, Tel. 22 45 55. Vormittagsrundgang: Di. – So. 10 h – 12.30 h; Nachmittagsrundgang: Di.– Sa. 13.30 h – 16.30 h. Eintritt 1,50 DM, Studenten 80 Pf. Besonders schön die Ahnengalerie, der Grottenhof mit dem aus Muscheln gefertigten Riesenbrunnen, das Antiquarium, eine Sammlung griechischer und römischer Büsten in einem neoantiken Saal (16. Jh.). Sonst vor allem Prunkzimmer: Renaissance-Räume, Rokoko-Kabinette und viel Klassizistisches – schöne alte Möbel, Gemälde, Porzellan und Wandteppiche.
Schatzkammer in der Residenz, Max-Joseph-Platz 3 (gleicher Eingang wie Residenzmuseum), Tel. 22 45 55. Geöffnet Di. – Sa. 10 h – 16.30 h, So. 10 h – 13 h. Eintritt 1,50 DM, Studenten 80 Pf. Hier liegen, gesichert durch Panzertüren, die bayerischen Kronjuwelen: die Insignien des früheren Königreiches, mittelalterliche Kronen, Prunkketten, Schmuck und andere Goldschmiedearbeiten, Zierschwerter, Schatztruhen – und natürlich edelsteinbesetzte Bierkrüge.
Städtische Galerie im Lenbachhaus (auch Lenbach-Galerie genannt), Luisenstr. 33 (beim Königsplatz), Tel. 52 14 31. Geöffnet Di. – So. 9 h – 16.30 h, Eintritt 1,50 DM, bei Ermäßigung 50 Pf, am So. frei. Zu sehen sind deutsche Romantiker, Jugendstil und Kandinsky.
Neue Pinakothek und Staatsgalerie moderner Kunst, beide an der Prinzregentenstr. 1 (Westflügel im Haus der Kunst), Tel. 29 27 10. Geöffnet Do. – So. 9 h – 16.30 h, Do. 19 h – 21 h. Eintritt 2,– DM, bei Ermäßigung 1,– DM, am So. frei. Zu sehen sind Werke der deutschen Romantik (u. a. Spitzweg), Impressionisten, Expressionisten, Blauer Reiter, Picasso.
Die sechste Münchener Supersehenswürdigkeit (s. S. 30) ist das **Deutsche Museum,** Auf der Isarinsel (Eingang zwischen Bosch- und Zeneckbrücke), Tel. 2 17 91. Tram 19 bis Ludwigsbrücke / Deutsches Museum; Tram 20 oder S-Bahn bis Isartor. Geöffnet täglich 9 h – 17 h. Eintritt 2,– DM, Studen-

STADTBESICHTIGUNG

ten und Schüler 50 Pf. *Das größte technische und naturwissenschaftliche Museum der Welt* zeigt auf einem 16 km langen Rundgang von A - Z: Astronomie, Bergbau, Chemie, Drucktechnik, Energie, Fotografie, Glasblasen, Hüttentechnik usw. bis zur Zeitmessung. Man kann durch Knopfdruck physikalische Experimente durchführen und Versuchsmodelle in Gang setzen. Besonders sehenswert ist das Planetarium.

München aus der Vogelperspektive sieht man von drei Türmen im Stadtzentrum:
Frauenkirche (südlicher Turm), von April bis Oktober täglich 9 h - 18 h, So. nur 11.15 h - 17.30 h. Eintritt 2,- DM, Studenten 1,- DM. 85 Stufen zu Fuß, dann Aufzug in die 92 m hohe Turmstube. Nachteil: Ausblick nur durch Fenster, lediglich zum Marienplatz hin ist ein Spalt zum Fotografieren geöffnet. Außerdem doppelt so teuer wie die beiden andern Türme.
Peterskirche (Alter Peter), täglich 8 h - 17 h (So. nur 10 h - 17 h). Eintritt 1,- DM, Jugendliche 50 Pf, Eintrittskarten gibt's im Laden gegenüber. Knapp 300 Stufen zu Fuß (kein Lift) auf die 78 m hoch gelegene Aussichtsterrasse, die durch ein großmaschiges Gitter gesichert ist. Schönster Blick, weil man das Neue Rathaus und die Frauenkirche grade vor sich hat. (Mit einem Weitwinkelobjektiv bekommt man beide auf ein Foto.)
Rathausturm (Neues Rathaus), Mo. - Fr. 8 h - 15.45 h. Eintritt 1,- DM, Jugendliche 50 Pf (erst oben bezahlen). Mit zwei Aufzügen (umsteigen) auf 70 m Höhe zur Aussichtsterrasse. Gitterstäbe, durch die man gut fotografieren kann.

Billig

Bayerisches Nationalmuseum, Prinzregentenstr. 3 (südl. des Englischen Gartens), Tel. 22 25 91. Geöffnet Di. - So. 9.30 h - 16.30 h, Sa. erst ab 10 h; im Winterhalbjahr 9 h - 16 h; am Mo. zu. Eintritt 2,- DM, Schüler 20 Pf, am So. frei. Ausgestellt ist bayerische Volkskunst, Trachten, Möbel, gotische Skulpturen, Tilman Riemenschneider-Plastiken, Porzellan, Stadtmodelle (z. B. München im 19. Jh.). Vor allem sehenswert ist die Krippensammlung im Keller (12 h - 13.15 h zu).
Jugendstilmuseum / Stuck-Villa, Prinzregentenstr. 60 (Ecke Ismaningerstr., jenseits der Isar), Tel. 47 12 60. Geöffnet Di. - So. 10 h - 17 h, am Mo. zu. Eintritt 2,- DM, Studenten 1,- DM. Das vom Münchner Maler Franz v. Stuck entworfene und ausgemalte Haus (1897) birgt Bilder, Möbel und Kunstgewerbe des Jugendstils.
Staatliche Antikensammlung und Glyptothek, Königsplatz, Tel. 55 28 52. Geöffnet Di. - So. 10 h - 16 h, am Mo. zu. *Abendöffnung* 19 h - 21 h mit freier Führung: *Mi. Antikensammlung, Do. Glyptothek.* Eintritt in jedes Museum 2,- DM, bei Ermäßigung 1,- DM, Studenten

STADTBESICHTIGUNG 39

frei. Karte für beide Museen 3,- DM, am So. frei. In der Antikensammlung: griechische Töpferei und Vasen, Kleinstatuen und antiker Schmuck; in der Glyptothek: 13 Säle mit griechischen und römischen Statuen. Beide Museen wurden im letzten Jh. im Stil antiker Tempel erbaut. Der Torbau in der Mitte *(Propyläen)* ist, wie ein Kunsthistoriker sagt, »von erhabener Zwecklosigkeit«.

Schloß Nymphenburg, etwa 6 km nordwestl. des Stadtzentrums, Tel. 1 20 81, Tram 17 oder 21. Geöffnet Di. - So. 9 h - 12 h und 13 h - 17 h, am Mo. zu; im Winterhalbjahr 10 h - 12 h und 13 h - 16 h. Eintritt 1,50 DM, bei Ermäßigung 80 Pf. Die barocke Sommerresidenz der bayerischen Kurfürsten und Könige wurde im 17. und 18. Jh. erbaut. Nur ein kleiner Teil ist zu besichtigen. Besonders sehenswert: die Eingangshalle (Steinerner Saal), wo die Sommerfestspiele stattfinden, und die Schönheitsgalerie Ludwigs I., in der die Porträts der schönsten Mädchen seiner Zeit hängen.

Im Südflügel des Schlosses liegt das **Marstallmuseum**. Geöffnet Di. - So. 9 h - 12.30 h und 13.30 h - 17 h, am Mo. zu; im Winterhalbjahr 10 h - 12.30 h und 13.30 h - 16 h, am Mo. zu. Eintritt 1,50 DM, bei Ermäßigung 80 Pf. Ausgestellt sind Krönungswagen, Prunkkarossen, verzierte Schlitten, Staatscoupés und der vergoldete sog. Hochzeitswagen Ludwigs II.

Im **Schloßpark Nymphenburg**, der flächenmäßig größer ist als die Altstadt, stehen die vier Parkburgen. Sie wurden Anfang des 18. Jh. unter Kurfürst Max Emanuel erbaut. Besichtigungsrundgang 1½ bis 2 Std.

● **Amalienburg**, geöffnet 9 h - 12.30 h und 13.30 h - 17 h, auch am Mo.; im Winterhalbjahr 10 h - 12.30 h und 13.30 h - 16 h. Eintritt 1,50 DM, bei Ermäßigung 80 Pf. Rokoko-Jagdschlößchen (mit luxuriöser Hundekammer), das fast interessanter ist als das Hauptschloß.

● **Badenburg**, eine »Bade-Burg« mit heizbarem Hallenbad von 1720! Eintritt 1,- DM, bei Ermäßigung 50 Pf; im Winter zu.

Mein persönlicher Tip

Das klassische Foto von Münchens Skyline (Alter Peter, Frauenkirche, Neues und Altes Rathaus, Heiliggeistkirche) können Sie von der Aussichtsterrasse im 6. Stock des Deutschen Museums knipsen. Allerdings ist ein starkes Teleobjektiv notwendig. Eine weitere ungewöhnliche Foto-Aussicht auf die Türme des Frauendoms haben Sie von der Parkgarage im 5. Stock über dem Hbf., und zwar vom Abteil 29 und 30 (Südost-Ecke). Sie können durch die vertikalen Schlitze fotografieren. (Der Aufzug zu den Parketagen befindet sich in der Hbf.-Schalterhalle neben dem abr-Reisebüro.)

- **Pagodenburg,** ein Lustschlößchen mit den typischen Chinoiserien des 18. Jh. Eintritt 1,- DM, bei Ermäßigung 50 Pf; im Winter zu.
- **Magdalenenklause,** Kapelle im Grottenstil mit fürstlicher Meditationsecke; im Winter zu. Besucht man die Parkburgen in der beschriebenen Reihenfolge, kommt man an das Verbindungstor zum **Botanischen Garten** (Eintritt 1,50 DM, bei Ermäßigung 75 Pf). Die *verbilligte Gesamtkarte* für alle Museen im Schloßpark Nymphenburg kostet nur 3,- DM, im Winter 2,50 DM, bei Ermäßigung 1,50 DM bzw. 1,30 DM. Sie ist nur an der Hauptkasse im Schloß erhältlich.

Führungen durch die **olympischen Sportstätten** im **Olympiapark** (s. S. 30) kosten 4,- DM. Täglich um 11 h und 14.30 h startet die zweistündige Tour durch Olympia(Fußball)-Stadion, Olympiahalle (Leichtathletik- und Mehrzweckhalle), Olympia-Radstadion, Olympia-Schwimmhalle. Das Olympia-Stadion kann man auch einzeln besuchen von 8 h - 18 h. Eintritt 1,- DM, Jugendliche 50 Pf.

Der **Olympiaturm** ist mit 290 m der höchste Stahlbetonbau Mitteleuropas. Der Schnell-Lift bringt Besucher für 3,- DM (Jugendliche unter 18 Jahren 1,50 DM) mit 7 m Steiggeschwindigkeit pro Sekunde auf die Aussichtsterrasse in 192 m Höhe: schöne Aussicht aufs Olympiagelände, die Stadt München und - bei gutem Wetter - die bayerischen Alpen. Täglich von 8 h - 24 h geöffnet, letzte Auffahrt 23.30 h. Gedeckte und offene Plattform, Imbißecke und ein (teures) Drehrestaurant auf 182 m Höhe.

Tierpark Hellabrunn, Siebenbrunnerstr. 6, Eingang auch bei der Thalkirchner-Brücke, Tel. 66 10 21. Geöffnet täglich 8 h - 18 h, im Winterhalbjahr 9 h - 17 h. Eintritt 3,50 DM, Studenten und Schüler 2,50 DM. Tram 15 oder 25 ab Karlsplatz bis Tiroler-Platz. Der erste Geo-Zoo der Welt: Er gliedert die Tiere nach Erdteilen. Zuchtgruppen seltener Tiere, größte Schimpansenzucht Europas; 1140 Säugetiere in 80 Arten; 211 Vogel-Arten, 135 Fisch-Arten und 902 andere Tiere in 39 Arten. Großes Tigerfreigehege und - einzigartig in Europa - ein Polarium für Eisbären, Seelöwen, See-Elefanten und Pinguine.

Weniger billig

Stadtrundfahrten in Aussichtsomnibussen mit mehrsprachigen Fremdenführern starten täglich vom Bahnhofplatz/Ecke Prielmayerstr. (beim Kaufhaus Hertie).

8,50 DM kostet die **Kleine Rundfahrt,** die etwa eine Stunde dauert. Abfahrt 10 h und 14.30 h; von Mai bis Oktober zusätzlich um 11.30 h und 16 h.

15,- DM kostet die **Erweiterte kleine Rundfahrt** (mit Besuch des Olympiaturms), die aber nur von November bis April stattfindet. Abfahrt 10 h und

14.30 h. Dauer etwa 2½ Std. 17,- DM ist der Preis für die **Große Rundfahrt**, die etwa 2½ Std. dauert. Bei Abfahrt um 10 h ist die Alte Pinakothek (außer Mo.), das Glockenspiel und das Deutsche Museum inbegriffen. Bei Abfahrt 14.30 h besichtigt man die Schatzkammer der Residenz und Schloß Nymphenburg (außer Mo.). Eine dritte Variante schließt den Besuch von Olympiagelände und -turm ein; diese Rundfahrt findet aber nur von Mai bis Oktober statt. Abfahrt 10 h und 14.30 h.

70,- DM kostet die Rundfahrt **München bei Nacht** mit Besuch von drei typischen Lokalen einschließlich Abendessen. Abfahrt 19.30 h, Dauer etwa 5 Std., nur von Mai bis Oktober.

Veranstalter sind die *Münchener Fremdenrundfahrten*, Hauptbahnhof, Tel. 5 90 43 14.

Stadtrundflüge über München kosten 40,- DM pro Person und werden durch das *Atlas-Reisebüro* im Flughafen München-Riem, Tel. 90 87 21, vermittelt. Diese Flüge dauern 20 Min. und werden *am Wochenende* veranstaltet, in der Hochsaison auch während der Woche. Mindestbeteiligung zwei Personen. Halbstündige Rundflüge für 50,- DM pro Person werden *täglich von abr-Reisebüros* (Tel. 5 90 41 oder 90 80 18) durchgeführt. Keine Mindestbeteiligung notwendig.

Kleiner Münchener Stadtteilführer

Ich hab kein MOOS ACH!
ISMANING nich soviel von die Weißwürst'
OTTO BRUNNs nicht so laut bei Tisch!
HAID HAUSEN die Langhaarigen in Kommunen
und dreckaten Löchern
LAIM dich odel ich fleß dich
BERG AM LAIM Klavier vorm Bauch
Vile hamse in Knast gesteckt, n PA SING aber ausgebrochen
HIRSCHAU her, hier wird grad eine Bank überfallen!
SOLLN wir nicht lieber gleich schwarz fahren?
Sing mit EnerGIE SING was die Kehle hält
HARLACHING ja die Hühner!
Nicht GROSS HADERN, gleich drauf haun. AU!
PULLACHst dich kaputt
Herr OBER FÖHRING Sie sofort dieses Schnitzel ab!
Schmeiß mir nicht die Glocke auf den Kopf... AU BING!
ALLACH ist mächtig, ALLACH ist groß
Mensch, erhebe dich, los sei FREI MANN!
Um ein HAAR hättens mich eingeliefert
RIEM ne va plus

Einkaufen

Kostenlose Souvenirs

In Gaststätten, Biergärten, Bars und Restaurants die bunten Bierfilze sammeln. Sie sind in München besonders hübsch.

Besonders billig

Mini-Bierkrüge mit den Schriftzügen und Symbolen der Münchener Brauereien gibt es für 1,75 DM bis 1,90 DM im Kaufhaus **Neckermann,** 3. Stock, Neuhauserstr. 13 (Fußgängerzone).
Originale 0,5 l-Steingutkrüge verschiedener Brauereien sind für ca. 5,- DM im **Kaufhof** am Marienplatz erhältlich. Hofbräuhaus-Krüge gibt's schon für 4,95 DM.
Ein anderes nützliches Mitbringsel ist ein *Waschhandschuh* in den weiß-blau-bayerischen Rauten für 1,95 DM im **Kaufhof** (das dazu passende Handtuch s. *Billig,* S. 43).
Das Trachtengeschäft **Kufner** am Alten Peter (Petersplatz 2) verkauft all die kleinen *Gestecke,* die sich der Bayer auf den Hut steckt: Federn ab 2,- DM, Halter dazu ab 1,60 DM. *Trachtentücher* mit Bauernmuster ab 3,50 DM.
Bayerische Wachskunst: bemalte Wachsreliefs, kunstvolle Kerzen, Holzmodel, Wachsfigürchen ab 1,25 DM bis an die 100,- DM bei **Koron** am Frauenplatz; *Christbaumschmuck* aus bemaltem Zinn gibt's dort schon ab 4,25 DM.
Bierdeckel kann man – statt kostenlos zu sammeln – natürlich auch in Souvenirshops kaufen: um die 2,50 DM das Dutzend. Eines der originellsten Andenken stammt aus dem **Valentin-Musäum:** der *Winterzahnstocher* (mit Pelz) – von höchsten Herrschaften benutzt; an der Musäums-Kasse für nur 1,- DM erhältlich.

Billig

Ein *München-Poster* mit den Türmen der Stadt für nur 8,- DM ist im **Schwabinger Poster-Shop,** Feilitzschstr. 14 (Poster Nr. 27), erhältlich.
Maßkrüge aus Steingut ab 8,90 DM im **Krone Center,** einem Verbrauchermarkt im unterirdischen Stachus-Einkaufszentrum.

Badetücher mit weißblauem Rautenmuster für 9,95 DM im **Kaufhof** oder bei **Betten-Rid**.
Alles mögliche in den bayerischen Landesfarben *(Papierservietten, Regenschirme, Pappgeschirr, Schürzen* usw.) verkauft der **Party-Shop** im Stachus-Einkaufszentrum.
Mitbringsel zum Essen: eine Dose Weißwürste (10 Stück) zu 9,80 DM oder eine Dose Schweinswürstl (20 Stück) zu 10,50 DM gibt's im **Bratwurstglöckl am Dom** (s. S. 23).
Im Feinkostgeschäft **Dallmayr**, Dienerstr. 14/15 (»hinterm« Neuen Rathaus): *Senf im Steinguttöpfchen* zu 6,75 DM.
Bayerische Würste, Knödelsuppen und andere Fleischwaren in Konservendosen gibt es in Feinkost- und Lebensmittelläden, z. B. in Kaufhäusern.

Mein persönlicher Tip

Viele geschmackvolle und auch nützliche Souvenirs fand ich bei **Wallach**, *dem Haus für Volkskunst und Tracht, Ecke Residenzstr./Hofgraben, Tel. 22 08 71.*
Da gibt es im Bauernstil handbemalte Döschen schon für 3,50 DM, Eierbecher ab 3,- DM, hübsches Holzspielzeug ab 4,50 DM. Bauerntaschentücher sind für 3,- DM zu haben und buntbestickte Bauernborten für 9,- DM pro Meter. Ich habe mir von der 9,5 cm breiten Borte, auf der ein Trachtenpaar abwechselnd mit einer Blume abgebildet ist, 20 cm abschneiden lassen. Daraus wird entweder ein Aufnäher für Jeans oder eine ungewöhnliche Verpackung für ein Mini-Geschenk. Die 20 cm-Borte kostete 1,80 DM.
Weiter bei Wallach entdeckt: duftende und dekorative Gewürzsträuße (mit Nelken, Zimt, Anis u. a.) ab 7,- DM, Wachsmodel ab 6,- DM und Zinnfiguren, z. B. eine goldbemalte Madonna für 12,- DM.

Weniger billig

Steingut-Bierkrüge, und zwar mit eingravierten Vornamen, sind ein sehr persönliches Andenken oder Mitbringsel. Für 19,95 DM im **Kaufhof**. Hier gibt's noch Arbeit für die Frauenbewegung – es sind nämlich nur Krüge mit männlichen Vornamen da.
Bierkrüge aus Glas, bei denen der Vorname auf einem Email-Zinndeckel steht, bei **Woolworth**, Kaufingerstr. 26 (Fußgängerzone) zu 24,90 DM.
Tischdecken, bayerisch blauweiß gemustert, ab etwa 25,- DM bei **Betten-Rid**, Neuhauserstr. 50, Sonnenstr. 11 oder Theatinerstr. 47.
Das Tabakschnupfen ist eine

alte bayerische Tradition. Neu und originell sind *Schnupfmaschinen,* die mittels Schleuder den *Schnupftabak* präzis in die Nasenlöcher bringen. Dieses Gaudi-Geschenk kann man von 37,- DM bis 47,50 DM z. B. bei Pfeifen-Huber, Tal 66, kaufen.

Fleckerl-Teppiche stammen zwar aus dem Allgäu, verwendet werden sie aber auch in München. Die aus Stoffresten gewobenen Buntteppiche kosten bei Größe 50 x 100 cm 34,- DM, bei 60 x 120 cm 49,- DM, bei 70 x 140 cm 68,- DM. Quadratmeterpreis 68,- DM

Das gibt es nur in München

- **Jagdgeschäft Stiegele,** Maximilianstr. 30. Eine Fundgrube für Jagdwaffen, -ausrüstung und -kleider. Hier ist z. B. der echte Gamsbart erhältlich, Kostenpunkt so ab 500,- DM.
- **Kolonialwarenladen,** Königinstr. 83/Ecke Ohmstr., nur nachmittags geöffnet. Ein Schwabinger Alternativladen, in dem entwicklungspolitische Aufklärungsarbeit geleistet wird. Verkauft werden Bücher über Entwicklungshilfe sowie Tee, Kaffee und Zucker.
- **Sport-Scheck,** Sendlingerstr. 85 (Altstadt). Eines der größten Sportgeschäfte der Welt mit allem von A (wie Anoraks) bis Z (wie Zelte).
- **Buchhandlungen,** die u. a. auf München-Bücher und Bayern-Bücher (im Fachjargon: Monacensia und Bavarica) spezialisiert sind: Bayerstr. 8, Frauenplatz 14a, Marienplatz 8, Residenzstr. 1 und 23, außerdem die interessante **Geographische Buchhandlung,** Rosental 6 (Hof).
- Ein Geschäft ganz besonderer Art ist **Därr's Expeditions-Ausrüstung,** Kirchheimerstr. 2 in 8016 Heimstetten (20 Minuten mit S-Bahn 6), Tel. 9 03 15 19. Da gibt es Unentbehrliches für Globetrotter: Moskitonetze, Wüstenstiefel, Geldgürtel, Landrover-Zubehör, Bücher, Karten.

Auer Dult:
Einkaufen und Sightseeing in einem sind die drei Auer Dulten in München. Dult ist eine Art Jahrmarkt mit Rummelplatz, vor allem aber mit einem großen Geschirr- und Trödelmarkt. Wenn auch die Preise nicht besonders niedrig sind, so hat die Dult den Vorteil, daß alles beieinander ist und man nicht von Antiquitätengeschäft zu Trödelladen laufen muß, um zu vergleichen.
Die *Mai-Dult* beginnt am Samstag vor dem 1. Mai, die *Sommer-Dult* am Samstag nach Jakobi (25. Juli), die *Kirchweih-Dult* am Kirchweihsamstag (3. Sa. im Okt.). Dauer: 9 Tage. Ort: Mariahilfplatz im Stadtteil Au, Tram 7, 15, 25, Bus 52 und 56.
Ein ähnlicher Jahrmarkt ist der **Christkindl-Markt,** der mit der Adventszeit beginnt und am Heiligen Abend endet.

EINKAUFEN

(Preise von **Teppich-Kibek,** Weinstr. 9, Nähe Marienplatz). Sie sehen hübsch aus und sind waschmaschinenfest.

Das Trachtengeschäft **Kufner** am Petersplatz 2 bietet nicht gerade einen Gamsbart, aber sonst ein *Bart* für den Hut schon ab 33,70 DM; der *Hut* dazu kostet ab 30,- DM. *Bestickte Hosenträger* sind um 30,- DM herum zu haben, *Lederhosen* gibt's ab 70,- DM. Ganz schöne, bestickte Lederhosen allerdings sind viel teurer. Es gibt sie bei einem der führenden Geschäfte der bayerischen »Lederszene«, bei **Karl Wagner,** Tal 77, Tel. 22 56 97.

Loden-Frey, Maffeistr. 7 - 9 (Altstadt), hat *Dirndl, Trachtenschmuck, Lodenjacken und -mäntel,* alles ab etwa 200,- DM. Noch teurer wird's, wenn es um *Nymphenburger Porzellan,* ein anderes berühmtes Münchner Souvenir, geht. In den Verkaufsräumen der **Nymphenburger Porzellanmanufaktur,** Nördl. Schloßrondell 8, sind sie ausgestellt, die Nippsachen, Tier- und historischen Figuren, Kerzenständer und Vasen für mehrere hundert Mark. **Tip: Im Hinterzimmer ist billigere Ware 2. Wahl ausgestellt.**

Wo einkaufen?

Die populärste Einkaufsgegend ist die Fußgängerzone Neuhauser- und Kaufingerstr. zwischen Karlsplatz und Marienplatz sowie die Gegend um die Frauenkirche.

Vornehme (teurere) Shoppinggegend ist die Ecke Pacelli-, Maffei-, Theatiner- und Briennerstr. beim Odeonsplatz und natürlich die Maximilianstr.

Der (verbilligte) **Sommerschlußverkauf** fällt gerade in die touristische Hochsaison. Er beginnt am letzten Montag im Juli (inoffiziell 10 Tage vorher) und dauert etwa zwei Wochen.

Ladenzeiten

Geschäfte sind etwa von 9 h, manchmal etwas früher, bis 18.30 h geöffnet. An Samstagen nur bis 12 h, 13 h oder längstens 14 h. Der erste Samstag im Monat ist der »lange Samstag« mit Öffnungszeiten (bei einigen Geschäften) bis 18 h.

Außerhalb dieser normalen Öffnungszeiten kann man alles mögliche in den Läden im Hbf. oder in der Bahnhofplatz-Unterführung bekommen, nämlich Lebensmittel, Getränke, Lesestoff, Blumen, Schreibwaren, Raucherwaren, Drogerieartikel, Geldwechsel. Die Geschäfte haben bis gegen 22 h/23 h offen, sonntags z. T. nur bis 19 h.

Non Stop heißt ein Automatenladen an der Türkenstr. 82 in Schwabing, wo gegen Münzeinwurf Konserven, Eier, Äpfel, Wurst, Cola, heiße Getränke und Sandwiches erhältlich sind. Flaschenbier und -wein gibt es in jeder Gaststätte, die eine Gassenschenke hat. Der Preis liegt zwischen Ladenpreis und Gaststättenpreis.

Postämter haben an normalen Wochentagen von 8 h bis 18 h geöffnet, Sa. von 8 h bis 12 h. Das Postamt 32 am Bahnhofplatz arbeitet rund um die Uhr.

Banken sind an allen Wochentagen – außer Sa. – von 8.30 h bis 12.30 h und von 13.45 h bis 15.45 h geöffnet. Am Do. bis 17.30 h.

Unterhaltung

Kostenlos

Vor allem im Sommer bietet die Stadt viele kostenlose Unterhaltungsmöglichkeiten. Man kann abends durch die Fußgängerzone zwischen Marienplatz und Karlstor bummeln und den Gitarrespielern, Flötisten, Geigern und Sängern zuhören, die sich musizierend ihre Weiterreise verdienen.
Kostenlose **Rock- und Jazzkonzerte** finden von Mitte Juni bis Mitte September jeden Sonntag zwischen 14 h - 19 h auf der **Freiluftbühne Theatron** im Olympiagelände statt.
Musik, Tänze, Straßentheater, Aktionen, Akrobatik und Gaukler sieht man täglich während der Woche »München Kultur« (alljährlich im Juli) in der Fußgängerzone.
Die **Petersturm-Musikanten** spielen während des Sommers jeden Samstag um 18 h beim oder vom Turm des Alten Peter. Während des Christkindl-Marktes, der einen Monat vor Weihnachten beginnt, spielen und singen **Musikgruppen** täglich um 17 h auf dem Marienplatz.
Theatervorstellungen (in Englisch) und **Konzerte**, die allerdings nicht sehr häufig stattfinden, kann man kostenlos im Amerika-Haus, Karolinenplatz 3, besuchen.

Besonders billig

Das billigste Jazz-Lokal ist der Schwabinger **Jazz-Saloon Allotria**, Türkenstr. 33 (etwa Höhe Theresienstr.), Tel. 28 73 42. Jeden Abend von 19 h - 1 h Dixie, Blues und Oldtime, am So. 11 h - 18 h. Die Bands (z. B. »Jazzkränzchen Immergrün«) kommen noch ohne Elektronik aus, und jedes Solo wird beklatscht. Keine Eintrittsgebühr. Billigste Konsumationen: Kaffee oder Obstler 2,- DM, Cola 3,50 DM, Bier (0,4 l) 3,60 DM, Wein (0,2 l) 4,50 DM. Schmalzbrote kosten 3,50 DM, Gulaschsuppe 4,20 DM und Würstl mit Kraut 4,90 DM.
Die billigste Diskothek: **Club Thomas**, Hans-Sachs-Str. 17 (Ecke Westermühlstr.), Mü. 5, Tel. 26 73 54. Geöffnet Mi. - So. 18 h - 1 h. Gästekarte 3,- DM, Lehrlinge, Schüler und Studenten 1,50 DM; Monatsclubkarte 5,- DM. Getränke: Cola 2,- DM, Bier und Wein 3,- DM, Schnäpse 3,50 DM. Der Club ist mehr als nur eine Diskothek. Er bietet darüber hinaus viele

Aktivitäten: Film, Fußball, Marionetten, Jam Session, Galerie, TV und eine eigene Clubzeitung.
Billigste Diskothek in Schwabing: **PN Hithouse**, Leopoldstr. 23 (Giselastr.), Tel. 39 45 78. Geöffnet 19 h - 1 h. Eintritt 5,- DM. Dafür gibt's einen Verzehrbon für ein Bier oder eine Cola, die sonst 3,50 DM kosten. Apfelkorn 3,- DM, Whisky 6,- DM. Originelle Einrichtung mit Bar in ausgedientem Bus, TV-Spielen und Flipperautomaten.

Weniger billig

München hat drei bekannte Kabaretts, die alle in Schwabing, Nähe Münchener Freiheit, liegen. Allen voran die **Münchner Lach- und Schießgesellschaft**, 1972 eingegangen, 1976 wiedererstanden: Haimhauser-/Ecke Ursulastr., Tel. 39 19 97. Vorbestellung täglich ab 14 h. Eintritt 15,- DM. Trinken muß man nichts, aber man kann. Das billigste Getränk (0,33 l Bier) kostet 3,30 DM. Beginn 21 h.
Das **Münchner Rationaltheater**, das sich selbst ein politisches Kabarett nennt, befindet sich an der Hesseloherstr. 18, Tel. 60 65 17. Vorbestellung ab 14 h. Vorstellungen täglich (außer Mo.) um 20.30 h. Eintritt 14,- DM/20,- DM. Schoppenwein ab 2,50 DM, Bier (0,4 l Pils) 3,30 DM.
Walter Novaks Schwabinger Brettl, Occamstr. 1/Ecke Haimhauserstr., Tel. 34 72 89. Täglich ab 20 h typisches Brettl-Programm. Kein Eintritt, aber zum ersten Bier (ab 3,50 DM) muß man einen Schnaps (4,50 DM) bestellen.
»Volkstümliche Gaudi« findet allabendlich im **Platzl**, Münzstr. 8-9 (gegenüber dem Hofbräuhaus) statt. Tel. 29 31 01. Ab 19 h Musik, ab 20 h bayerische Kurzschwänke, Volkstanz, Jodler, Schuhplattler, G'stanzlmusik, alles mit Krachledernen und im Dirndl vorgeführt, wie's Touristen mögen. Eintritt 6,- DM. Bier: Der Gast kann für 13,- DM ein 3 l-Tischfaß bestellen und selber anzapfen.

Von volks- zu folkstümlich! Lokale mit internationalen oder Münchner Folkloresängern, Chansonniers, Gruppen, Kleinkünstlern und Solisten sind z. B.: **MUH (Musikalisches Unter-Holz)**, im Alten Hackerhaus, Sendlingerstr. 75, Eingang Hackenstr., Tel. 24 04 55, Mi.-So. ab 20.30 h. Eintritt 5,- DM, Studenten 4,- DM, aber normale Getränkepreise (die Halbe Bier 1,80 DM).
Im aufstrebenden Stadtteil Haidhausen (s. S. 35) liegt die **Drehleier**, Balanstr. 23 (Nähe Rosenheimerplatz), Tel. 48 43 37. Täglich von 19 h - 1 h geöffnet, Programm ab 20.30 h. Eintritt 6,- DM. Billigste Getränke: Kaffee/Tee 1,80 DM, Bier 2,50 DM.
Ebenfalls in Haidhausen: **Song Parnass**, Einsteinstr. 42 (Nähe Max-Weber-Platz), Tel. 4 70 29 95. Täglich ab 20.30 h.

Eintritt 5,- DM, Studenten 4,- DM, die Halbe kostet 3,20 DM. Ein Dancing für die »reifere und reichere Jugend« ist das **ba-ba-lu,** Ainmillerstr. 1/Ecke Leopoldstr. (Schwabing), Tel. 39 84 64. Täglich von 21 h - 4 h geöffnet.

Die momentane »In«-Diskothek liegt jenseits der Isar: **Sergio's East Side** im Keller des Einkaufszentrums Motorama, Rosenheimerstr. 32 (zwischen Isar und Rosenheimerplatz). Geöffnet zwischen 22 h und 3 h.

Zeitgemäßeren Jazz als im Allotria gibt es im bekannten **Domicile,** Leopoldstr. 19 (Giselastr.), Tel. 39 94 51. Täglich (außer So.) 21 h - 4 h. Eintritt 5,- DM, billigste Getränke (z. B. Bier) 3,50 DM.

Der berühmte **Zirkus Krone** gastiert von Weihnachten bis Ende März (wenn er nicht auf Tournee ist) in seinem Stammhaus, Marsstr. 43/Ecke Zirkus-Krone-Str., Tel. 55 81 66. In der übrigen Zeit des Jahres finden dort **Popkonzerte** oder **Freistilringkämpfe** statt.

Die **Pornofilme in Guckkästen** bei Beate Uhse, Neuhauserstr. 7 (in der Fußgängerzone), täglich 9 h - 22 h, und in anderen Sex-Shops sind keineswegs so billig, wie es zuerst ausschaut. Man muß zwar nur 1,- DM einwerfen, um 3 Min. gefilmten Geschlechtsverkehr (samt Gestöhne) zu sehen. Rechnet man das auf normale Spielfilmlänge von 90 Min. um, kommt man auf eine Eintrittsgebühr von 30,- DM.

In der **Peep-Show** an der Bayerstr. (zwischen Karlsplatz und Hbf.) räkelt sich ein nacktes Mädchen ausgiebig auf einer sich drehenden Kreisfläche. Das sieht man aber nur, wenn man in der Kabine 1,- DM einwirft. Dann öffnet sich das Guckfensterchen für 1 Min. Der »Spaß« kostet also 60,- DM pro Stunde.

Aktuelle Informationen

über Unterhaltung, Theater, Konzerte, Gastspiele und Sportereignisse finden sich täglich in den Münchner Tageszeitungen *(Süddeutsche, AZ, Merkur, tz)* und im *Offiziellen Monatsprogramm des Fremdenverkehrsamtes München* (1,- DM). - Eventuelle Änderungen der Theaterspielpläne werden über Tel. 1 15 17 bekanntgegeben.

Eher alternative Unterhaltungs- und Veranstaltungsinformationen finden sich im *Blatt, Stadtzeitung für München,* das alle 14 Tage erscheint und 1,50 DM kostet.

Vorsicht in Striptease-Lokalen! Zwar ist der Nacktanz im katholischen München eher zahm, doch geneppt wird auch hier. Animiermädchen vervielfachen die Zeche der Gäste mit falschen Versprechungen Sich bei jeder Bestellung die Preisliste zeigen lassen! Nicht auf »Eintritt frei« reinfallen! Die Getränke sind trotzdem teuer. **Nepp-Lokale** befinden sich vor allem rund ums Hofbräuhaus und an der Goethe- und Schillerstr. beim Hbf.

Jugendliche unter 18 dürfen sich in Dancings und Diskos nicht länger als bis 22 h aufhalten.

Kinos

Eintrittskarten kosten zwischen 4,50 DM und 10,- DM; der Schwerpunkt liegt bei 6,- DM/7,- DM. Studenten zahlen 1,- DM bis 2,- DM weniger, vor allem in den Schwabinger Kinos. Vorführungen ab etwa 10 h morgens bis zur Nachtvorstellung um 22 h. Genaue Zeiten in der Tagespresse. Der Eintritt in Pornokinos wie **Pam** oder **Blue Movie** kostet 12,- DM inkl. ein Getränk nach Wahl. Diese Kinos dürfen die Titel ihrer Filme nicht nennen und werben deshalb mit Ankündigungen wie »Der heißeste Sex-Film der Saison« und »Nur für Erwachsene«.

Münchens Theater

gelten zwar als Touristen-Attraktion, doch haben's Touristen häufig schwer, überhaupt Karten zu kriegen. Gäste der »Münchner Schlüssel« (s. S. 4) können Karten schon bei Buchung ihrer Reise reservieren lassen.

- **Nationaltheater (Bayerische Staatsoper),** Max-Joseph-Platz 1. In diesem klassizistischen Riesenbau wird vor allem die große Oper gespielt. Vorverkauf nur Maximilianstr. 11, Tel. 22 13 16: Mo. - Fr. 10 h - 13 h und 16 h - 18 h, Sa. 10 h - 13 h. Abendkasse 1 Std., sonntags 2 Std. vor Vorstellungsbeginn. Eintrittspreise zwischen 5,50 DM und 67,50 DM.
- **Residenztheater (Bayerisches Staatsschauspiel),** Max-Joseph-Platz 1 (neben Nationaltheater). In diesem neuen Residenztheater wird hauptsächlich das klassische Schauspiel gepflegt. Vorverkauf nur an der Tageskasse, Tel. 2 18 54 13 und 22 57 54, gleiche Zeiten wie Nationaltheater. Abendkasse 1 Std., sonntags 2 Std. vor Vorstellungsbeginn. Spielzeit Mitte September bis Ende Juli. Eintrittspreise zwischen 12,- DM und 34,- DM.
- **Altes Residenztheater/Cuvilliés-Theater,** Eingang Residenzstr. 1. Wird vom Ensemble der Oper und des Staatsschauspiels bespielt. Vorverkauf wie Nationaltheater. Abendkasse 1 Std. vor Beginn. Eintrittspreise zwischen 6,- DM und 31,- DM.
- **Staatstheater am Gärtnerplatz,** Gärtnerplatz 3. Das Bayerische Staatstheater spielt hier moderne Oper, Operette, Musical, Ballett. Vorverkauf nur an der Tageskasse, Tel. 2 60 32 32, gleiche Zeiten wie Nationaltheater, ebenso Abendkasse. Eintrittspreise zwischen 5,50 DM und 34,- DM.
- **Schauspielhaus (Münchner Kammerspiele),** Maximilianstr. 26. In diesem Jugendstil-Haus wird modernes Theater gespielt. Vorverkauf nur an der Tageskasse, Tel. 22 43 38: Mo. - Fr. 10 h - 18 h, Sa./So. 10 h - 13 h. Abendkasse 1 Std. vor Vorstellungsbeginn. – Das Ensemble der Münchner Kammerspiele bespielt auch das **Werkraumtheater** und das **Theater der Jugend.**

Neben diesen »großen« Theatern gibt es in München noch zwei Dutzend kleinere Boulevard-Bühnen, Experimentier- und Volkstheater, z. B. die **Kleine Komödie, Kleine Freiheit, Deutsches Theater, Freies Theater München, Münchner Volkssängerbühne.** Typisch bayerische Bühnen sind: **Münchner Volkssängerbühne** in der Max-Emanuel-Brauerei,

Volkstheater in der Au, Bayerisches Volkstheater und das **Millionendorf-Theater.**
Spielpläne und -zeiten täglich in den Münchner Tageszeitungen. Vorverkauf für die nichtstaatlichen Theater s. unter **Theaterkarten-Vorverkauf** im Branchen-Fernsprechbuch.

Konzerte

München hat drei große Orchester, das Symphonieorchester des Bayerischen Rundfunks, die Münchner Philharmoniker (städtisch) und das Bayerische Staatsorchester (Oper). Daneben bereichern eine Reihe kleinerer, z. T. berühmter Ensembles (Kammermusik, Chöre) sowie Gastspiele bekannter Dirigenten, Sänger und Instrumentalsolisten das Konzertleben der Stadt.
Hauptsächliche **Konzertsäle** sind der **Herkulessaal der Residenz** (Hofgartenstr.) und der **Kongreßsaal des Deutschen Museums** (Museumsinsel). Im Kongreßsaal finden auch Gastspiele von Unterhaltungsmusikern und Entertainern statt; berühmte Stars und Rockgruppen treten darüber hinaus im **Zirkus-Krone-Bau** (Marsstr. 43) und in der **Olympiahalle** im Olympiapark auf.
Volkstümliche Konzerte (Blas- und Trachtenkapellen) finden fast jeden Samstag, z. T. mit Tanz, im **Festsaal des Löwenbräukellers** (Stiglmaierplatz) und im **Festsaal der Mathäser Bierstadt** (Bayerstr. 5, am Karlsplatz) statt.

Kirchenmusik wird ganz regelmäßig in einem Dutzend Kirchen aufgeführt, z. B. die bekannten Domkonzerte in der Frauenkirche.
Neben den Konzerten der **Münchner Festspiele,** die nur von Anfang Juli bis Anfang August stattfinden, gibt es eine Reihe anderer klassischer Konzerte mit Festspielcharakter:
• **Nymphenburger Sommerfestspiele** (im Juli), Konzerte bei Kerzenlicht im Steinernen Saal;
• **Serenaden im Brunnenhof** der Residenz (nur bei schönem Wetter);
• **Konzerte** im Prunksaal von **Schloß Schleißheim,** 20 km nördl. von München;
• jeden Samstag im Sommer **Konzerte** im kerzenbeleuchteten Spiegelsaal des Schlosses **Herrenchiemsee,** das freilich 90 km östl. von München liegt (z. T. Autobahn);
• **Schäftlarner Konzerte** von Mai bis Oktober in der Klosterkirche Schäftlarn (südl. Münchens), per S-Bahn erreichbar;
• **Blutenburger Konzerte** in der Schloßkapelle Blutenburg, Nähe Autobahneinfahrt Mü.-West. Diese Konzerte finden das ganze Jahr hindurch statt.

Hinweise auf alle diese Veranstaltungen findet man im Offiziellen Monatsprogramm des Fremdenverkehrsamtes München, das jeweils in der letzten Woche des Vormonats erscheint. Erhältlich beim Fremdenverkehrsamt, in Hotels und an Kiosken für 1,- DM.

Münchens Umgebung

Gedenkstätte Dachau

Die Gedenkstätte des Konzentrationslagers Dachau liegt etwa 20 km nördlich von München in 8060 Dachau, Alte Römerstr. 75, Tel. 081-311714. Sie ist täglich von 9 h bis 17 h bei freiem Eintritt geöffnet. Ein Wegweiser-Faltblatt ist für 30 Pf erhältlich. Die Gedenkstätte umfaßt Gebäude des ehemaligen KZs, in dem während der Nazi-Diktatur zwischen 1933 und 1945 über 206 000 Menschen inhaftiert waren und über 32 000 starben. Zu sehen ist folgendes:
- Ein Museum, das die KZ-Geschichte anhand von vergrößerten Fotos, Plakaten und anderen schriftlichen Dokumenten in Erinnerung ruft. Um 11 h und 15 h wird ein Dokumentarfilm (22 Min.) gezeigt.
- Rekonstruktion einer der 30 Häftlingsbaracken.
- Krematorium mit Desinfektionsraum, Gaskammer, Verbrennungsöfen und Galgen.
- Appellplatz, Lagerstraße, Wachttürme, Stacheldrahtverhaue, die Mauern und das Eingangstor mit der Inschrift »Arbeit macht frei«.

Wie kommt man hin? S-Bahn 2 ab Innenstadt (Marienplatz, Hbf.) alle 40 Min., zur Stoßzeit alle 20 Min. Fahrzeit bis Dachau: 20/25 Min.; 3 Streifen der teureren Streifenkarte entwerten. Ab S-Bahnhof Dachau Bus 3 bis vor die KZ-Gedenkstätte. Fahrpreis 70 Pf, Münchner Streifenkarte gilt nicht. Rückfahrpreis insgesamt 5,15 DM, wenn man für die S-Bahn Streifenkarte benützt. Die Besichtigung nimmt 1–1½ Std. in Anspruch.

Schloßberg und Altstadt Dachau

Die 70 Pf-Fahrkarte zurück von der Gedenkstätte zum S-Bhf. Dachau berechtigt zum einmaligen Umsteigen. Nützen Sie das aus! Denn nach dem schrecklichen Eindruck ist es eine Erleichterung, den Schloßberg und die malerischen Winkel des 1200 Jahre alten Dachaus zu sehen, dessen Bürger das KZ, durch das ihre Stadt auf so traurige Weise berühmt wurde, ja schließlich nicht selbst errichtet und betrieben haben. Also, ab Bhf. Bus 2 bis zum Rathaus, ein paar Minuten zu Fuß zum kurfürstlichen Renaissanceschloß mit dem schönen Schloßpark. Dachau war Ende des 19. Jh. eine fashionable Künstlerkolonie, in der viele Maler und Schriftsteller lebten. Ludwig Thoma schrieb hier z. B. seine »Lausbubengeschichten«. Vom Schloß zur S-Bahnstation zurück braucht man etwa eine halbe Stunde zu Fuß.

Weitere Ausflugsziele

die man per Bahn oder Ausflugsbus erreichen kann:
Per Bahn:
Die Preise beziehen sich auf stark ermäßigte Hin- und Rückfahrkarten der Deutschen Bundesbahn. Sie sind im Hbf. Mün-

MÜNCHENS UMGEBUNG

chen erhältlich und nur zwei Tage gültig. Die Züge kann man frei wählen. Die angegebenen Aufenthaltszeiten beziehen sich auf Fahrplanvorschläge, die im Prospekt *Ausflugs- und Wanderkarten ab München* enthalten sind. Die Ausflugskarten berechtigen zu weiteren zusätzlichen Ermäßigungen. *Fahrräder können* an den meisten Ausflugs-Bahnhöfen für 4,- DM *gemietet werden.*
Ausländer, die mit der Bahn nach Deutschland gereist sind und mind. 200 km ab Grenze zurückgelegt haben, können für 25,- DM eine *Tourenkarte* lösen und damit 10 Tage lang in der Umgebung Münchens herumreisen. Für Paare: nur 35,- DM.

Per Ausflugsbus:
Abfahrten vom Lenbachplatz, ausführlicher Prospekt z. B. von allen Filialen des Amtlichen Bayerischen Reisebüros (abr). Nachmittagsausflüge für 9,- DM (Abfahrt 13 h) führen zum Tegernsee oder zum Spitzingsee/Schliersee.

Wer sich selbst Ausflüge zusammenstellen will, kauft sich den MVV-Verbund-Fahrplan (1,50 DM), der ein ganzes Kapitel über Freizeitgestaltung und Wandern enthält. 52 Ziele rund um München beschreibt *Wandern mit dem MVV – Schlösser, Burgen, Kirchen, Klöster;* das Buch ist zu 7,90 DM an Kiosken und im Buchhandel erhältlich.
Wettervorhersage: Tel. 11 64 (u. a. wird gesagt, wie gut die Sichtverhältnisse von der Zugspitze sind).
Weitere Informationen und Prospekte (u. a. ein wunderschönes Panorama von Oberbayern – gratis) beim: Fremdenverkehrsverband München-Oberbayern, Sonnenstr. 10/III (Ecke Schwanthalerstr.), Tel. 59 63 51. Geöffnet Mo. – Do. 8 h – 12 h, Fr. 8 h – 15 h.

Schleißheim und Lustheim

S-Bahn 1 nach Oberschleißheim (20 Min., 3 Streifen entwerten, 20 km), dann Bus 311 oder zu Fuß (3 km) oder mit (am Bhf.) gemietetem Fahrrad zum Neuen Schloß Schleißheim und Schloß Lustheim, das im Schloßpark liegt. Täglich von 10 h – 12.30 h und 13.30 h – 17 h geöffnet, im Winterhalbjahr nur bis 16 h. Eintritt Schleißheim 2,- DM, mit Lustheim 3,- DM.

Mitfahrgelegenheiten:
Für Ausflüge oder die Weiterfahrt von München kommen auch Mitfahrgelegenheiten in Frage.
Laut **Mitfahrzentrale,** Lämmerstr. 4 (Nähe Hbf.), Tel. 59 45 61, ist die Fahrtkostenbeteiligung z. B. nach Salzburg 12,- DM, nach Nürnberg 10,- DM, nach Wien 22,- DM, nach Zürich 21,- DM, nach Berlin 34,- DM. Dazu kommen Buchungs- und Versicherungsgebühr von 3,- DM bis 12,- DM.
Weitere Adresse: **JRC-Reisen,** Arnulfstr. 6-8 (gegenüber Starnberger Bhf.), Tel. 59 22 20.
Mitfahrgelegenheiten ohne Gebühr an den Anschlagwänden der Uni-Mensa (Leopoldstr. 13) und TU-Mensa (Arcisstr. 17).

Starnberg, Kloster Andechs, Ammersee

S-Bahn 6 nach Starnberg (33 Min.), dann Bus 351 bis Kloster Andechs (nur zwei- bis dreimal täglich, vorher MVV-Fahrplan konsultieren). Vom Kloster 7 km zu Fuß (max. 2 Std.) nach Herrsching am Ammersee. S-Bahn 5 zurück (50 Min.).

Kloster Schäftlarn, Isartal

S-Bahn 10 bis Icking (40 Min., 25 km, 4 Streifen entwerten), dann 5 km zu Fuß (max. 1½ Std.) zum Kloster Schäftlarn und Ebenhausen. Blick auf Zusammenfluß von Isar und Loisach sowie aufs Naturschutzgebiet Pupplinger Au. Von S-Bahnstation Ebenhausen-Schäftlarn zurück (35 Min., 4 Streifen).

Garmisch, Oberammergau (und Schloß Linderhof)

22,- DM per Ausflugsbus, Abfahrt täglich 8.30 h, Rückkehr ca. 19 h (10½ Std., 240 km), inkl. Kloster Ettal und Schloß Linderhof (Eintritt zusätzlich 4,50 DM).
14,- DM per Bahn nach Garmisch, ca. 1½ Std. Fahrt (ein Weg), 10 Std. Aufenthalt. Die 20 km nach Oberammergau kann man per Fahrrad (4,- DM am Bhf.) oder per Bahn zurücklegen. Ermäßigte Eintrittspreise für Passionsspielhaus, Heimatmuseum und Freibad in Oberammergau. – Der Abstecher nach Linderhof ist kaum mit öffentlichen Verkehrsmitteln zu machen.

Neuschwanstein, Hohenschwangau, Wieskirche

22,- DM per Ausflugsbus, Abfahrt täglich 8.30 h, Rückkehr ca. 18.30 h (10 Std., 250 km). Neuschwanstein ist das Märchenschloß von König Ludwig II. (Eintritt kostet zusätzlich 4,50 DM, ebenso das weniger interessante Hohenschwangau). Die Wieskirche ist eine Rokoko-Kirche mitten im Grünen.

Schloß Herrenchiemsee

13,- DM per Bahn nach Prien, 1 Std. Fahrt (ein Weg), 9 Std. Aufenthalt, Preisermäßigung bei der Schiffahrt zu den Inseln und beim Eintritt ins Strandbad.
28,- DM per Ausflugsbus, Abfahrt samstags um 14 h, Rückkehr 23 h (9 Std., 150 km), inkl. Schiffahrt und Eintritt zum samstäglichen Schloßkonzert (nur im Sommer um 19.30 h).

Garmisch-Partenkirchen und Zugspitze (2966 m)

33,- DM per Bahn, wenn man eine Gesamtpreiskarte löst (die Zugspitzbahn allein kostet sonst 27,- DM). Für die Fahrt auf Deutschlands höchsten Berg (2966 m) warme Kleider mitnehmen. Ab Garmisch mit Bus zum Eibsee, dann Seilbahn, die bis zum Gipfel geht. Die Zugspitz-Zahnradbahn ab Garmisch geht nur bis 2650 m, dann kostet's nochmal extra für die Gipfelschwebebahn.

Salzburg (und Wolfgangsee)

25,- DM per Ausflugsbus, Abfahrt am Mi., Sa., So. um 8 h, Rückkehr 19.30 h (11½ Std., 350 km), Paß mitnehmen. Nicht im Preis inbegriffen: Motorbootfahrt zum Weißen Rößl. 21,- DM per Bahn, aber nur Salzburg ohne Wolfgangsee!

Romantische Straße

28,- DM per Ausflugsbus, Abfahrt am Mo. und Do. um 7.30 h, Rückkehr ca. 20 h (12½ Std., etwa 420 km). Fahrt durch die mittelalterlichen Städtchen Nördlingen, Dinkelsbühl und Rothenburg ob der Tauber.

Berchtesgaden und Königssee

25,- DM per Ausflugsbus, Abfahrt täglich 8 h, Rückkehr ca. 19 h (11 Std., 350 km), inkl. Obersalzberg, wo Hitler sein »Bergnest« hatte.
25,- DM per Bahn, fast 3 Std. Fahrt (ein Weg), 8 Std. Aufenthalt, im Preis ist Bus zum wildromantischen Königssee inbegriffen. Ab Königssee Ermäßigung auf der Jennerbahn (bis 1874 m). Ab Berchtesgaden zum Obersalzberg auf eigene Faust (4 km). Mit dem Fahrrad (4,- DM) kann man vom Bhf. Berchtesgaden nach Bad Reichenhall runtersausen, von dort per Bahn zurück.

Floßfahrten auf der Isar

Flöße fahren im Sommer von Weidach bei Wolfratshausen (südl. von München) flußabwärts in die Stadt – beladen mit fröhlichen Leuten, Bier und Musik (eine Blaskapelle, eine Beatband oder Dixieland-Band). Die Fahrt durchs Isartal dauert etwa vier Stunden und endet an der Floßlände beim Campingplatz Thalkirchen. Veranstaltet werden Floßfahrten leider **nur für Gruppen** (bis 50 Personen) und kosten um die 1000,- DM. Ein Veranstalter ist z. B. Franz Seitner in Weidach. Tel. 08171-7 85 15. Frühzeitige Anmeldung unerläßlich!
Wer die Gaudi wenigstens sehen möchte, kann's an jedem schönen Ferientag bei der Floßlände, wenn nachmittags die Flöße eintreffen.

Redaktioneller Hinweis

Auf den Seiten 17 und 42 dieses Reiseführers wird auf das Kaufhaus Neckermann verwiesen. Leider wurde uns erst nach Redaktionsschluß bekannt, daß dieses Haus mittlerweile in »Kaufhaus am Dom« umbenannt worden ist.

München von A – Z

A

Ansichtskarten schreiben kann man auf bequemen Sitzplätzen im Postamt 32 gegenüber dem Hbf. Die Karten nicht im Hbf. kaufen, dort sind sie teurer!
Auer Dult → Einkaufen, S. 44.
Auskünfte touristischer Art beim Fremdenverkehrsamt der Stadt München im Hbf., täglich 8 h – 23 h, Tel. 2 39 12 56 oder 2 39 12 28 (nur Mo. – Fr. 8.30 h – 15 h). Weitere Auskunftsstellen siehe S. 64.
Aussichtspunkte: Bavaria → S. 36; Turm des Deutschen Museums → S. 30 und 37; Musentempel Monopteros im Englischen Garten → S. 33; Neuhofener Berg und Nockherberg (jenseits der Isar); Olympiaberg und -turm → S. 30 und 40; Restaurant Kaiserstock im 15. Stock des Hotels Deutscher Kaiser → S. 24; Schwabinger Schuttberg/Luitpoldhügel (beim Scheidplatz); Rathausturm und die Kirchtürme der Innenstadt → S. 38.
Autokinos: Dachauerstr. 420 (im Norden der Stadt) und Münchener Str., Aschheim (nördl. Flughafen Riem).
Automatengeld: In den Geldbörsen junger Münchner klingeln englische 5-New-Pence-Stücke und alte One-Shillings, seit der »Spiegel« 39/77 ausplauderte: »Die Münzen gehen vielen westdeutschen Automaten ebenso glatt ein wie deutsche 1-Mark-Stücke – nur sind sie gerade 20 Pfennig wert.« Automatenbetrug ist strafbar.
Autovermietung: Findet man unter diesem Stichwort im Branchen-Fernsprechbuch.

B

Bäder: München hat 8 → Hallenschwimmbäder und 8 → Sommerfreibäder. Im Winter draußen schwimmen kann man im Dante-Warmfreibad, dessen Wasser auf 28° bis 30° erwärmt ist. Öffnungszeiten (Kasse): Sa., So., Mo. 9 h – 16 h, Di. - Fr. 11 h – 19 h, Do. bis 20 h. Badezeit 4 Std., Eintritt 3,50 DM. Badekappe! Tram 1, 4, 11 bis Baldurstr., Eingang Homerstr., Tel. 15 28 74.
Banken: Öffnungszeiten: Mo. - Fr. 8.30 h – 12.30 h und 13.45 h – 15.45 h (Do. bis 17.30 h), Sa./So. geschlossen. Siehe auch → Geldwechsel, S. 57.
Bibliotheken: Die Benutzung der zwei Dutzend Stadtbüchereien ist kostenlos, aber nur, wenn man polizeilich angemeldet ist. Die Zentralbibliothek, Infanteriestr. 7a (unweit Polytechnikum), hat 7500 Nachschlagewerke im Lesesaal. Frei zugänglich: Mo., Mi., Fr. 14 h – 19 h, Di., Do. 10 h – 15 h, Tel. 19 42 68.
Blutspenden und Geld dafür kriegen: 18,- DM gibt's bei der Blutspendezentrale, Gesundheitsamt, Dachauerstr. 90/Ekke Gabelsbergerstr. 1. Stock, Zimmer 108, Mo. und Fr. 8 h – 11 h, Di. 14 h – 18 h, Tel. 5 20 71. Wenn man den (oberbayerischen) Blutgruppenausweis hat, gibt's jedesmal 33,- DM! 16,- DM bzw. 33,- DM kriegt man für 420 ml bei der Blutbank Dr. Rasch, Lessingstr. 6 (Nähe Goetheplatz), Tel. 53 95 57: Mo. – Do. 9 h – 13 h und 14 h – 18 h, Fr. nur 9 h – 13 h. An beiden Orten: Paß

oder Personalausweis mitbringen!
Bootsfahrten: → Schiffsfahrten, S. 60.
Bootsmiete: Am Kleinhesseloher See im Englischen Garten und am See im Olympiapark kann man Ruderboote mieten.
Bus-Fahrplan: Tel. Auskunft 21 91 22 44 (Stadtwerke).

C

Chemische Reinigung: In *einer* Stunde ist der Fleck raus bei Martinizing, Leopoldstr./Ecke Ainmillerstr. (Schwabing), Mo. - Fr. 7 h - 18.30 h, Sa. 8 h - 13 h. Preise: Hose 4,30 DM, Jacke 5,30 DM, Damenkleid, Seidenbluse ab 5,- DM. Das nächste Zweiggeschäft in der Innenstadt: Zweibrückenstr. 6 (am Isartorplatz).
Christkindlmarkt → Einkaufen, S. 44.

D

Drogenberatung der Stadt München über Tel. 2 33 32 36, 2 33 33 10 oder 2 33 33 84; condrops Tel. 33 10 01.
Dult: Ein bayerischer Jahrmarkt, der jährlich dreimal im Stadtteil Au abgehalten wird → Auer Dult, S. 44.

E

Einzug der Wies'nwirte: Jeweils am zweitletzten Samstag im September als Auftakt zum → Oktoberfest. Brauereipferde im Gala-Geschirr ziehen die mit Fässern beladenen Bierwagen durch die Stadt zur Theresienwiese, wo das Oktoberfest stattfindet, kurz Wies'n genannt. Ein Werbekorso für Augustinerbräu, Hackerbräu, Hofbräu, Löwenbrauerei, Paulaner, Pschorr und Spaten. Blechmusik, Trachten, Dirndl, Marschkapellen und alte Uniformen laufen mit. Start: 11 h in der Altstadt.
Eislauf: Das ganze Jahr über im Eissportstadion im Olympiapark möglich, täglich 10 h - 12 h und 14 h - 16 h, Mo. - Sa. auch 20 h - 22 h. Eintritt 2,- DM, Jugendliche 1,50 DM, Sa./So. abends 50 Pf mehr, Leihschlittschuhe 4,- DM. Im August geschlossen. Ab Mitte Oktober auch im Prinzregentenstadion (Prinzregentenstr. 80) und auf der Kunsteisbahn Agnes-Bernauer-Str. 241 (West-München).

F

Fahrpläne: Tel. Auskunft über Busse 21 91 22 44, Schnellbahnen (S-Bahn) 59 33 21, Trambahnen und U-Bahnen 21 91 22 47. Fahrplanauszüge für die DB kostenlos im Hbf. bei der Information und aus Automaten. Tel. Zugauskunft: 59 29 91 und 59 33 21. → Verkehrsmittel, S. 28.
Fahrräder kann man an vielen Bahnhöfen der Bundesbahn mieten - nur am Hbf. München nicht. Der nächstgelegene Bhf., wo man ein Zweirad kriegt, ist Ismaning, S-Bahn-Endstation 3, vom Hbf. 13 km Luftlinie entfernt, von Schwabing 10 km. Wer mit der S-Bahn anreist, zahlt 4,- DM Miete pro Tag, sonst 7,- DM. Zurückgeben kann man das Fahrrad auch an anderen Bahnhöfen - mit Einschränkungen. Vermietung ganzjährig.
Fasching: Startet jährlich am Dreikönigstag (6. Jan.) mit der Inthronisierung des Faschingsprinzenpaares und en-

det am Aschermittwoch. Höhepunkt: Faschingssonntag und Faschingsdienstag, d. h. So. und Di. vor Aschermittwoch. → Münchner Faschings-Schlüssel, S. 4.
Feiertage: In München (und Bayern) sind folgende Tage gesetzliche Feiertage:

Neujahr	1. Januar
Hl. Drei Könige	6. Januar
Karfreitag	
Ostermontag	
Tag der Arbeit	1. Mai
Christi Himmelfahrt	
Pfingstmontag	
Fronleichnam	
Tag der Deutschen Einheit	17. Juni
Mariä Himmelfahrt	15. August
Allerheiligen	1. November
Weihnachten	25./26. Dez.

Ferngespräche: → Telefon, S. 61.
Feste: → Volksfeste, S. 61.
Fiakerfahrten: Im Sommer im Englischen Garten. Abfahrt am Chinesischen Turm. Teuer!
FKK: Jeden Samstag gemischter FKK-Betrieb von 13 h - 17 h im Müllerschen Volksbad (→ Hallenschwimmbäder, S. 58). Im Sommer FKK in der Pupplinger Au.
Flohmarkt: → Auer Dult, S. 44, und Trödelmarkt, S. 61.
Frauentreffs: Frauenbuchladen, Arcisstr. 57 (Schwabing), Tel. 3 78 12 05. - Frauenforum, Adlzreiterstr. 27, Tel. 76 83 90. - Frauenzentrum, Gabelsbergerstr. 66 (Schwabing), Tel. 52 83 11.
Freibäder: → Sommerbäder, S. 60.
Friedhöfe: im Südlichen Friedhof, zwischen Sendlinger Tor und Kapuzinerstraße gelegen, liegen Münchens größte Tote des letzten Jh. begraben - die Maler Karl Spitzweg und Moritz von Schwind, Bibelillustrator Schnorr von Carolsfeld, Physiker Ohm, Architekt von Klenze, Fleischextrakt-Erfinder Justus von Liebig.
Fronleichnamsprozession: Am zweiten Donnerstag nach Pfingsten große Prozession von der Frauenkirche durch die Altstadt.
Frühlingsfest: Rummelplatz auf der Theresienwiese, 16 Tage Dauer, jeweils April/Mai.
Fundbüro/Fundsachen: Funde und Verlorenes auf *Stadtgebiet* sowie in städtischen *Bussen, Tram und U-Bahn:* Lindwurmstr. 120, Tel. 2 33 35 03. - Funde und Verlorenes im Bereich *Hbf., Bundesbahn und S-Bahn:* Holzkirchner Flügelbahnhof, Bayerstr. 26c, Tel. 17 90 58 59. - Funde und Verlorenes im Bereich der *Bundespost* (auch Telefonzellen): im Postamt 32 gegenüber Hbf., Bahnhofplatz 1, Zimmer 13, Tel. 5 59 84 01/ 55 98 04 01.
Fußball: FC Bayern München und TSV 1860 München kann man kicken sehen an Mittwochabenden und Samstagnachmittagen im Olympia-Fußballstadion, wo die deutsche Elf 1974 Weltmeister wurde. U-Bahn 3 bis Olympiazentrum.

G

Geldverdienen: → Blutspenden, S. 55, oder → Jobs, S. 58.
Geldwechsel: In allen → Banken, S. 55, die freilich nur 6 Std. pro Tag offenhalten (Do. 7¾ Std.). Außerhalb der Öffnungszeiten in der Wechselstube im Hbf. täglich, auch sonntags, 6 h - 23.30 h. Auch Reiseschecks.
Geschlechtskrankheiten: Beratung bei der Gesundheitsbehörde, Dachauerstr. 90, Eingang Schleißheimerstr., Zimmer U 12c, Tel. 5 20 73 76.

H

Hallenschwimmbäder: Schwimmen, wo Mark Spitz 1972 sieben Goldmedaillen erschwamm, in der *Olympia-Schwimmhalle;* täglich 7 h - 21 h, Mo. 13 h - 21 h, Winter bis 20 h. Teuer! 3,- DM für 3 Std., 4,- DM ganztägig, Jugendliche 2,- DM. Badekappe! Ein herrlich altmodisches Hallenschwimmbad ist das *Müllersche Volksbad* – mit Stuckdecke und hölzernen Kabinen. Rosenheimerstr. 1 (bei der Ludwigsbrücke), Tel. 48 10 48, am So. nachm. und Mo. zu. 1 Std. kostet 1,80 DM, Jugendliche 1,20 DM. Badehosen-Verleih 1,- DM. Weitere Hallenschwimmbäder: *Nordbad*, Schleißheimerstr. 142 (Höhe Hohenzollernstr.), Schwabing, Tel. 18 00 91. Etwas abgelegen: *Südbad, Westbad, Michaelibad* und die Hallenbäder *Giesing-Harlaching, Forstenrieder Park.* Alle Hallenbäder haben am So. nachm. zu, im Winter auch die Olympiaschwimmhalle. Im Juli/August sind alle Hallenbäder am So. zu, außer Olympia-Schwimmhalle. → Bäder *(Dante-Warmfreibad),* S. 55 und → Sommerbäder, S. 60.

Homosexuelles Kommunikations-Zentrum: Teestube, Am Glockenbach 10, Mü. 5, Tel. 26 89 19 oder 48 13 41.

Hostessen und Modelle, besser: »Hostessen« und »Modelle«, die sich in Tageszeitungen diskret mit Telefonnummern anpreisen, sind natürlich keineswegs das, was sie zu sein vorgeben. → Prostitution, S. 59.

J

Jahrmärkte: → Dult, S. 56.
Jobs: In der Großmarkthalle, Thalkirchnerstr. 81, Tel. 2 33 33 81, Gemüsekisten ausladen. Mo. - Fr. 5.45 h - 12 h, Sa. bis 10 h. Früh hingehen! Außerdem Job-Angebote an den Anschlagbrettern in den Eingangshallen der Mensa Universität (Leopoldstr. 13) und Mensa TU (Arcisstr. 17/Gabelsbergerstr.) studieren. → Blutspenden, S. 55.

K

Karneval: → Fasching, S. 56.
Konsulate: *Österreichisches Konsulat,* Ismaningerstr. 136, Mü. 80, Tel. 98 72 72. – *Schweizerisches Konsulat,* Leopoldstr. 33/II, Mü. 40 (Schwabing), Tel. 34 70 63. – *Niederländisches Konsulat,* Karlsplatz 4, Mü. 2, Tel. 59 41 03.

L

Leihamt (städtisch): Augustenstr. 20, Tel. 55 52 21, geöffnet Mo. - Fr. 8.30 h - 12.30 h und 13 h - 15.30 h (Di. bis 17.30 h).

M

Magdalenenfest: Jahrmarkt und Rummelplatz im Hirschgarten(park) zum Tag der Hlg. Magdalena am 22. Juli. Beginn: Mitte Juli, Dauer 9 Tage.
Maibockzeit: Zweite → Starkbierzeit, S. 60, die am 1. Mai mit dem Aufstellen des Maibaums und dem Anzapfen eröffnet wird.
Minigolf: Internationale Turnieranlage (zweimal 18 Bahnen) am Eissportstadion im Olympiapark, täglich bei günstiger Witterung 10 h - 22 h.

O

Öffnungszeiten: → Einkaufen, S. 45.

Oktoberfest: Beginn immer am zweitletzten Septembersamstag um 12 h, wenn Münchens Oberbürgermeister das erste Faß anzapft und verkündet: »O'zapft is.«
Am Sonntag nach dem Anzapfen startet um 10 h der große Trachten- und Schützenzug, eine urbane Weiterentwicklung von Almabtrieb und Erntedankfest zugleich. Blaskapellen, Spielmannszüge, Gruppen in ländlichen und historischen Kostümen, Pferdewagen, Jäger- und Schützenzüge - insgesamt 200 Gruppen mit 6000 Teilnehmern und 80 Musikern ziehen drei Stunden lang durch die Straßen der Innenstadt. An der nun folgenden »bodenständigen Sauf- und Freßolympiade« (Süddeutsche Zeitung) werden im Durchschnitt 4,1 Millionen Maß (= Liter) Bier getrunken, eine halbe Million Brathendl und eine halbe Million Paar Schweinswürstl verzehrt. An die Wirtsbudenstraße schließt sich ein Riesenrummelplatz an, wo die gigantischen Festhallen stehen. Schauplatz des Ganzen ist die Theresienwiese, von den Münchnern kurz Wies'n genannt - ein Ausdruck, der auch aufs Oktoberfest allgemein angewandt wird. Schluß ist jeweils am ersten Oktobersonntag.

P

Pfandleihamt: → Leihamt, S. 58.
Post: Das Postamt 32 am Bahnhofplatz 1 (gegenüber Hbf.), Tel. 5 59 84 06, hat rund um die Uhr geöffnet. Von 23 h - 6.30 h Nachtglocke benutzen. Hier werden alle unter »hauptpostlagernd« eingehenden Sendungen bereitgehalten. - Das kleine Postamt 31 im Hbf. hat Mo. - Fr. von 7 h - 21 h und Sa. von 8 h - 21 h geöffnet.

Postgebühren: Ansichtskarten kosten -,40 DM Porto innerhalb der Bundesrepublik (und DDR), ebenfalls -,40 DM im ermäßigten Auslandspostverkehr (Benelux, F, I, Schweiz, europ. Ministaaten), und -,50 DM ins übrige Ausland.
Als Drucksachen (-,30 DM) können Ansichtskarten verschickt werden, wenn man höchstens fünf Wörter draufschreibt, z. B. »Viele Grüße aus München - Robert«.
Briefe (bis 20 g) kosten innerhalb Deutschlands und ins »ermäßigte« Ausland -,50 DM Porto, ins übrige Ausland -,70 DM. Für alle außereuropäischen Länder kommen sowohl bei Ansichtskarten als auch bei Briefen Luftpostzuschläge von -,20 DM bis -,40 DM hinzu (am Schalter fragen).

Prostitution: »Es« geht ab etwa 40,- DM (Grundpreis) in Bordellen, ab etwa 50,- DM auf dem Straßenstrich und bei »Hostessen« und für etwa 150,- DM auf dem Autostrich. Die Damen stehen - trotz Verbot in der Innenstadt - am Amiraplatz, Arcisstr., Bayerstr., Goethestr., Luisenstr., Maximiliansplatz, Sonnenstr., Schillerstr., also etwa rund um den Hbf. Außerhalb des Sperrbezirks: Ausfallstraßen nördl. Frankfurter Ring und Landsbergerstr. zwischen Friedenheimer Brücke und Laim-Unterführung. → Geschlechtskrankheiten, S. 57.

R

Radiosendungen für Touristen: In den Ferienmonaten Serviceprogramm und Fremdsprachennachrichten auf Bayern I des Bayerischen Rundfunks, München, Kurzwelle 49,30 m, 6085 kHz.
Reiseschecks: → Geldwechsel, S. 57.

S

Sauna: Nur 7,- DM samt Schwimmbadbenützung in der Olympia-Schwimmhalle, täglich bis 21 h, am Mo. erst ab 15 h, Öffnungszeiten im Winter über Tel. 3 86 43 90 erfragen. 9,- DM im Dante-Bad (→ Bäder, S. 55), Mi. - Fr. 11 h - 19 h, Sa./So. Gemeinschaftssauna 9 h - 17 h. Weitere Saunas im Nordbad und weiter entfernten → Hallenschwimmbädern, S. 58.
Schiffsfahrten: Nur auf dem nahen Ammersee und dem noch näheren Starnbergersee (→ Münchens Umgebung, S. 53). Rundfahrten rund 9,- DM, Fahrzeiten im MVV-Verbundfahrplan.
Schwabinger Woche: Kulturwoche Ende Juni in Schwabing.
Schwimmen: → Bäder, Hallenschwimmbäder, S. 55 und 58.
Selberdrehen: Lohnt sich, weil Zigaretten sehr teuer sind. Javanse- oder Samson-Tabak kostet 2,50 DM bzw. 2,75 DM, Zigarettenpapier -,40 bis -,45 DM, das reicht für 50 Glimmstengel. Selbstdreh-Vorrichtung 2,50 DM.
Selbstbedienungs-Wäschereien: Meist 5,- DM inkl. Waschpulver. In allen Wohngegenden zu finden.
Ski: Der nächstgelegene gute Skiort ist natürlich Garmisch-Partenkirchen (→ Münchens Umgebung, S. 53). Ski-Langlaufloipen werden bei guten Schneeverhältnissen auch auf Stadtgebiet angelegt, z. B. in den Isarauen bei der Reichenbachbrücke.
Sommerbäder: Zentral gelegen sind *Dante-Bad* (→ Bäder, S. 55), *Schyrenbad,* Claude-Lorrain-Str. 24 (Nähe Wittelsbacher-Brücke), *Ungererbad,* Traubestr. 3 (Schwabing-Nord), *Prinzregentenbad,* Prinzregentenstr. 80 (jenseits der Isar). Das Bad *Maria-Einsiedel* (beim Camping Thalkirchen) wird durchflossen von 390 m reißendem Isarwasser. Liegewiesen gibt's auch im *Nordbad* und bei der *Olympia-Schwimmhalle.* Eintritt in die Badebetriebe der Stadtwerke 2,- DM, mit Streifenkarte 1,50 DM. Ein Markstück ist nötig als Pfandmünze, 10-Pf-Münzen braucht man für die Bedienung der Warmduschen und Haartrockner. Alle Freibäder sind von Mitte Mai bis September geöffnet. Kostenlos baden kann man überall an der Isar, auch mitten in der Stadt. Nachteil: kaltes, flaches, teilweise reißendes Wasser.
Spielbank: Die nächste befindet sich in Garmisch (→ Münchens Umgebung, S. 53).
Sport: → Bäder, S. 55, → Bootsmiete, S. 56, → Eislauf, S. 56, → Fahrräder, S. 56, → Fußball, S. 57, → Minigolf, S. 58, → Ski, S. 60, → Wandern, S. 61, → Wintersport, S. 61.
Starkbierzeit: Es gibt zwei. Die erste beginnt nach dem Fasching, noch in der Fastenzeit, d. h. in der vierten und dritten Woche vor Ostern. Ausgeschenkt werden dann alle die Biere, die auf . . . ator enden. Berühmt ist das Salvator, dessen Hochburg der Salvator-Kel-

ler, Hochstr. 77, auf dem Nockherberg (Stadtteil Au) ist. Siehe auch → Maibock, die zweite Starkbiersaison, die mit Öffnung der Biergärten beginnt.

T

Telefon: Ortsgespräche sind billiger vom Automaten (2 x 10 Pf) als von privaten Teilnehmersprechstellen (23 Pf). München hat drei Fernsprechbücher: A-K, L-Z und Branchen. Münzfernsprecher nehmen auch größere Münzen für Ortsgespräche, geben aber kein Herausgeld. Ferngespräche innerhalb Deutschlands sind zwischen 22 h und 6 h sowie den ganzen Sonntag über am billigsten. Am zweitbilligsten Mo. - Fr. 18 h - 22 h und Sa. 14 h - 22 h. Vorwahlnummer für die Schweiz ist 00 41, für Österreich 00 43, für die Niederlande 00 31. Internationale Auskunft: 0 01 18. *Touristische Telefon-Information:* Rund-um-die-Uhr-Tonband betreffend Museen und Galerien Tel. 23 91 64; Schlösser und andere Sehenswürdigkeiten 23 91 65; Kongresse, Messen, Ausstellungen 23 91 62.

Trimm-dich-Pfade: Von den sieben (kostenlosen) Anlagen ist diejenige in den Isarauen, nördl. Tierpark Hellabrunn, Alemannenstr., am zentralsten gelegen.

Trinkgeld: In Preisen von Hotels und Gaststätten inbegriffen. Taxifahrer erwarten keins, Friseure ebensowenig. Für Toilettenfrauen 30 Pf liegenlassen - soviel kosten nämlich die mit Münzautomaten versehenen WCs. Im Zweifelsfall: lieber kein Trinkgeld geben als diese Unsitte noch fördern.

Trödelmarkt: Ein permanenter, teurer ist an der Fallmerayerstr., Höhe Hohenzollernstr.

V

Volksfeste: → Auer Dult, S. 44, → Christkindlmarkt, S. 44 → Einzug der Wies'nwirte, S. 56, → Fasching, S. 56, → Fronleichnamsprozession, S. 57, → Frühlingsfest, S. 57, → Magdalenenfest, S. 58, → Maibockzeit, S. 58, → Oktoberfest, S. 59, → Schwabinger Woche, S. 60, → Starkbierzeit, S. 60.

W

Wandern: → Münchens Umgebung, S. 51.
Wäsche: → Selbstbedienungs-Wäschereien, S. 60.
Wies'n: → Oktoberfest, S. 59.
Wintersport: Der MVV-Verbundfahrplan enthält eine ganze Seite mit Tips für den Wintersport: Eisstockschießen, Loipen, Rodeln, Skiabfahrten, Skiwandern.

Z

Zeitungen: Münchens Tageszeitungen sind die *Abendzeitung, Münchner Merkur, Süddeutsche Zeitung* (wahrscheinlich die beste) und *tz*. Kostenlos zu lesen sie im Aushang der Pressehäuser Sendlingerstr. 79/80 (Abendzeitung, Süddeutsche) und Bayerstr. 57 (Merkur, tz), Nähe Hbf. - Internationale Zeitungen bei Montanus im Hbf. und an der Leopoldstr. 23 (U-Bahn Giselastr., 9.30 h - 18.30 h, außer Sa./So.).

Bayerischer Sprachführer

boarisch	bayerisch
Breiss'n	Preußen, im weiteren Sinne: Nicht-Bayer
damisch	dumm
deppert	einfältig
Des aa no!	Auch das noch!
Fax'n	Umstände
fei	Füllwort: schon, auch, halt
freili	freilich
Gaudinockerln	Brüste
grantig	mürrisch
Grieß Gott	Guten Tag
Gschaftlhuber	Wichtigtuer
gscheert	blöd
Gschpusi	Liebste(r)
gschtandens Mannsbild	richtiger Mann
G'sund samma!	bayerisches Selbstlob
Hallodri	leichtsinniger Kerl
Hoscht mi?	Verstanden?
I maa scho aa (nasal)	Das mein ich auch.
Jo mei!	Ausruf
Jomileggschamorsch	Fluch
Kraxlhuber	Bergsteiger
Minge	München
Mir gangst!	Geh mir weg damit!
Muich	Milch
narrisch	närrisch
Oachkatzlschwoaf	Eichhörnchenschwanz
Pack ma's!	Also, los denn!
Pfüat di (Eahna)!	(Gott) behüte dich (Sie)!
Saan's ggrießt	Seien Sie gegrüßt!
Schmalzler	Schnupftabak
Schpofackl	Spanferkel
Stub'nmusi	Hausmusik
Watsch'n	Ohrfeige
Zamperl	kleiner Hund
Zefixhallelujah!	Fluch
Zoagreiste	Nicht-Münchener

Ein dreimal schnell hintereinander zu sprechender bayerischer Zungenbrecher:
»Wododdennmeiwauwauleseinwehwehle?«
Ins Hochdeutsche übersetzt, heißt diese Frage:
»Was fehlt denn meinem kleinen Hund?«

Bücher über München

Adalbert Prinz von Bayern:
Als die Residenz noch Residenz war
Prestel Verlag, München

Ludwig Thoma:
Lausbubengeschichten
dtv 997

Ludwig Thoma:
Der Münchner im Himmel
dtv 323

Karl Valentin:
Die Raubritter vor München
dtv 165

Oskar Maria Graf:
Das bayrische Dekameron
Bavarica-Taschenbuch 26503,
Goldmann Verlag, München

Sigi Sommer:
Leute von München
Hoffmann und Campe Verlag,
Hamburg

Sigi Sommer:
Bummel durch München
Süddeutscher Verlag, München

Franz Hugo Mösslang:
Deutschland deine Bayern
rororo 1352

Blatt-Kollektiv
Stadtbuch für München
Trikont-Verlag, München

Annette Kolb:
Daphne Herbst
Fischer Taschenbuch 516

Was tun, wenn . . .

- **das Geld oder der Paß gestohlen wurden?**
Stets die Polizei oder das Konsulat benachrichtigen und um Hilfe bitten. Der Polizeirapport ist wichtig für die Versicherung. Konsulate können provisorische Reisepapiere ausstellen und Rückreisekosten vorschießen.
- **man einen Unfall hat oder krank wird?**
Den Notfallarzt konsultieren. Manchmal genügt bei leichter Erkrankung schon der Ratschlag eines Apothekers. Bei einem Unfall *immer* auch die Polizei verständigen wegen der Versicherung.
- **man geneppt wird?**
Sich beim Verbraucherschutz beschweren: Bayerstr. 69, Tel. 2 33 46 24, nur vormittags. Gleichzeitig die Polizei und das Fremdenverkehrsamt verständigen, wenn Verdacht auf kriminelles Verhalten vorliegt.
- **man verhaftet wird?**
(für Ausländer) Bei der Polizei nur Angaben zur Person machen und warum man sich in München aufhält. Sofort einen Rechtsanwalt und einen Vertreter des Konsulats verlangen. Sich die Namen der Polizisten oder Justizbeamten merken.
- **die Traveller-Checks verlorengehen?**
Sofort eine Bank benachrichtigen, die die Checks normalerweise einlösen würde, und die Checks sperren lassen.

Die wichtigsten Telefonnummern

Apotheken-Notdienst	59 44 75
Ärztlicher Notdienst	55 86 61
Feuerwehr	1 12
Fremdenverkehrsamt	2 39 11
Pannenhilfe	76 76 76
Polizei	110
Rettungsdienst des Roten Kreuzes (Krankentransport)	22 26 66
Taxi	2 16 11

Abschleppdienst ADAC	76 76 76
ADAC Auto-Info	22 22 22
Alkoholiker-Beratung	5 20 73 42
Bahnhofsmission – katholisch	59 50 06
– evangelisch	55 51 77
Austrian Airlines	22 66 66
Bundesbahn	59 33 21
Bus-Auskunft	21 91 22 44
Drogenberatung	23 33 10
Fernsprechauskunft	118
Flugverkehrsauskunft	9 21 12 27
Fremdenverkehrsverband Oberbayern	59 63 51
Fundbüro	2 33 35 03
Funkstreife	110
Jugend-Informationszentrum	53 16 55
Kripo	21 41
Lufthansa	2 19 41
Münchner Verkehrs- und Tarifverbund MVV	23 80 31
Notzahnarzt	53 96 01
S-Bahn-Auskunft	59 33 21
Seelsorge (überkonfessionell)	6 41 24 44
Straßenbahn-Auskunft	21 91 22 47
Swissair	9 23 41
Tarifauskünfte MVV	23 80 31
Telegrammaufgabe	113
Telefon-Auskünfte	118
U-Bahn-Auskünfte	21 91 22 47
Übernachtungsheim für Obdachlose – Männer	65 36 92
– Frauen	65 00 65
Uhrzeit	119
Vergiftungsfälle	41 40 22 11
Wetter	11 64
Zugauskunft	59 29 91